European School of Business

Sandrine Lamarche

Verkauf von Unternehmensbereichen und Unternehmensbeteiligungen

Schriftenreihe des ESB Research Institute
Herausgegeben von Prof. Dr. Jörn Altmann

Band 26

SCHRIFTENREIHE DES ESB RESEARCH INSTITUTE

Herausgegeben von Prof. Dr. Jörn Altmann

ISSN 1614-7618

25 *Cora Leonie Mezger*
Humankapital – der Schlüssel für wirtschaftliches Wachstum?
ISBN 3-89821-405-2

26 *Sandrine Lamarche*
Verkauf von Unternehmensbereichen und Unternehmensbeteiligungen
ISBN 3-89821-404-4

27 *Thorsten Gröne, Julian Clemenz, Markus Ostermaier, Marcel Beyer, Angela Eberhardt*
Effizientes Kompetenzmanagement in Unternehmen
Ergebnisse einer Studie des Institutes für Europäische Wirtschaftsstudien IEWS Reutlingen
ISBN 3-89821-400-1

28 *Cornelia Rösemann*
Die Business School der Zukunft in Deutschland
Visionen zu Aufgaben und Organisationsstrukturen aus Sicht der Unternehmen
ISBN 3-89821-425-7

Sandrine Lamarche

VERKAUF VON UNTERNEHMENSBEREICHEN UND UNTERNEHMENSBETEILIGUNGEN

Schriftenreihe des ESB Research Institute
Herausgegeben von Prof. Dr. Jörn Altmann

Band 26

ibidem-Verlag
Stuttgart

Bibliografische Information Der Deutschen Bibliothek

Die Deutsche Bibliothek verzeichnet diese Publikation in der Deutschen Nationalbibliografie; detaillierte bibliografische Daten sind im Internet über <http://dnb.ddb.de> abrufbar.

∞

Gedruckt auf alterungsbeständigem, säurefreien Papier
Printed on acid-free paper

ISSN: 1614-7618

ISBN: 3-89821-404-4

Printed in Germany

INHALTSVERZEICHNIS

Es wurden in den letzten Jahren immer mehr Mergers & Acquisitions[1] durchgeführt, aber dementsprechend auch Desinvestitionen, die nicht immer reibungslos erfolgen. Der Verkauf von Unternehmensbereichen wird sehr oft als eine Besonderheit der Mergers & Acquisitions angesehen. dadurch, dass der Anteil an scheiternden Mergers & Acquisitions relativ groß ist, werden viele Bereiche des dadurch neu entstandenen Unternehmens wieder verkauft. Diese Form von "Corporate Restructuring" verbreitet sich immer mehr, in dem es zurzeit auch ein Trend geworden ist, sich auf das Kerngeschäft des Unternehmens zu konzentrieren. Die Verselbständigung oder der Verkauf von Randaktivitäten eines Unternehmens erlauben, diese Aktivitäten positiv zu entwickeln. Jedoch hat sich diese Form von Unternehmensstrategie in Deutschland bisher noch nicht durchgesetzt[2] und könnte in der Zukunft neue Potentiale wecken. Diese Beobachtungen erklären, dass dieses Thema ein besonderes Interesse verdient.

Die vorliegende Studie soll einen zusammenfassenden Überblick über die Möglichkeiten der Auslösung eines Geschäftsbereiches ermöglichen. Das Verständnis der Gründe und des Ablaufs dieser Unternehmens-restrukturierungen sollen dazu dienen, ein genaueres Bild dieser Transaktionen zu bekommen.

Zuerst ist es wichtig zu wissen, wie sich Verkäufe und Ablösung von Unternehmensbereichen im Laufe der Jahre entwickelt haben, und die Gründe einer solchen Operation zu kennen.

---

[1] Mergers & Acquisitions: Fusionen und Erwerbe

[1] Vgl. Seiler K. , 2000, S. 109

Die verschiedenen Möglichkeiten, die es gibt, sich von einem Unternehmensbereich zu lösen, werden hier mit ihren Besonderheiten erläutert. Der Verkauf eines Geschäftsbereichs wird genauer betrachtet, um einen besseren Überblick der Merkmale eines solchen Verkaufs und der Bewertung des Unternehmensbereichs, die dadurch erfolgt, zu gewinnen.

I. Entwicklung des Verkaufs von Unternehmensbereichen/teilen:

Die meisten Unternehmensverkäufe sind Desinvestitionen. Die häufigste Form davon ist der Verkauf eines Geschäftsbereiches einer Tochtergesellschaft.

1.1. Tendenzen in der Desinvestition (Entwicklung in den letzten Jahren)

1.1.1 Historische Trends:

Der Trend zur Desinvestition[3] hat sich parallel zur Bildung der Großkonzerne und Konglomerate entwickelt. Diese Konzerne und Konglomerate haben sich durch zahlreiche Mergers & Acquisitions gebildet. Die Anzahl der Desinvestitionen ist ungefähr proportional zu der Entwicklung der Mergers & Acquisitions gestiegen.

In der dritten "Merger-Welle" in den 60er Jahren war die Anzahl der Desinvestitionen eher gering im Bezug auf Mergers & Acquisitions, welche eine Aktienkurssteigerung der Firmen mit sich brachte. Nach dem Erlaß neuer Gesetze in den USA, die den Aktienhandel regulierten, fingen Unternehmen an, Ihre Erwerbe neu zu überdenken. Besonders wegen der 1974-1975 Krise wurden Unternehmen dazu gezwungen, Unternehmensbereiche und Anteile zu verkaufen. Der immer zunehmende Wettbewerb brachte die Unternehmen dazu, ihre unrentablen Geschäftsbereiche abzulösen. Die vierte "Merger-Welle" fing an, am Ende der 80er Jahre abzuflachen: da das Expansionsfieber nachließ, wurden Desinvestitionen und Unternehmensverkäufe immer häufiger vorgenommen.

---

[3] Desinvestition wird hier gemäß der Definition des Kapitels I, 2, 1, 2 benutzt.

Einige Unternehmen fanden in der Desinvestition ein gutes Mittel, ihre Schulden zu verringern oder den Shareholder-Value[4] zu erhöhen. Jetzt ist Desinvestition ein neuer Trend geworden, da sich immer mehr Unternehmen auf ein Kerngeschäft konzentrieren wollen.

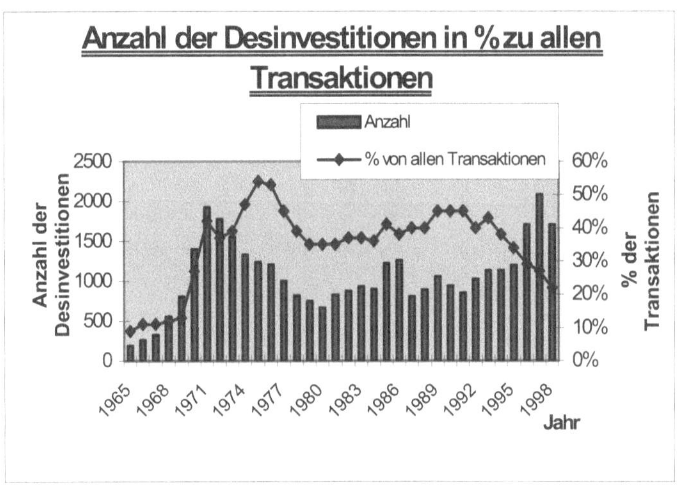

Abb1. Aus "Mergerstat Review, 1989, 1998"
in "Mergers, Acquisitions and Corporate Restructuring" 1999[5]

Wenn die Aktienkurse sinken, wie zum Beispiel in den Jahren 1966, 1969 und 1973-74, sind Desinvestitionen prozentual zu Mergers & Acquisitions geringer als in den vorherigen Jahren. Dies wurde von Linn und Rozeff[6] bewiesen. Die Desinvestitionen werden nämlich erstaunlicherweise

[4] Siehe unten Kapitel I, 3, 3
[5] Daten für US- und US-Cross-border Transaktionen
[6] Vgl. Gaughan P. A., 1999, S. 399

zahlreicher, wenn die Konjunktur sich verbessert. Dies ist dadurch zu erklären, dass Unternehmen, die Schwierigkeiten haben, die Unternehmensstrategie, im Sinne der Konzentration auf den Kernkompetenzen, vernachlässigen. Den Unternehmen ist es in schlechter Konjunktur lieber, verschiedene Geschäftsbereiche und Aktivitäten zu haben, um sich vor Marktrisiken abzusichern.

Sektoren, die bis Anfang der 90er am meisten desinvestiert haben, sind Medien (USA und Bundesrepublik Deutschland), Handel (USA), Industrie und Landwirtschaftsmaschinen (USA), Finanzdienstleistungen (USA) und Chemie (USA, Bundesrepublik Deutschland). 2001 fanden 135 Transaktionen in der Medienbranche mit einem Wert von 113,26 Mrd. US$ statt. Die meisten Transaktionen haben in der Computer Industrie stattgefunden: 1768 Transaktionen, jedoch nur für einen Wert von 38,31 Mrd. US $! [7] Da bei Mergers & Acquisitions sowie Desinvestitionen Ressourcen von einem Bereich zu einem anderen wandern, werden die Effizienz der Bereiche und die Konkurrenzfähigkeit der einzelnen Unternehmen gestärkt.[8] Aus diesem Grund spielen Mergers & Acquisitions und Desinvestitionen eine wichtige Rolle in der Wirtschaft.

1.1.2.Umstrukturierungen in den 90ern

Wegen der Rezession in den neunziger Jahren begannen immer mehr Unternehmen ihre Größe zu verringern. Ihr Ziel war es immer wettbewerbsfähiger zu werden. Kapitalgeber und Aktionäre wurden immer wichtiger.

---

[7] Vgl. www.mergerstat.com Mergerstat reports Nov. 2001

[8] Vgl. Bruppacher P.R. «Mergers and Acquisitions» bei Siegwart H. (Hrsg.) u.v.a., 1990, S. 281

Der Shareholdervalue-Ansatz ist ein Trend, der besonders zwischen den Jahren 1990 und 1995 in der Unternehmensstrategie der US-Amerikanischen Unternehmen gefolgt worden ist.

In den neunziger Jahren gab es außerordentlich viele Unternehmenserwerbe und Zusammenschlüsse. Demzufolge gab es viele Desinvestitionen und Spin-Offs[9]. Es ist zu bemerken, dass der Anteil gegenüber Mergers & Acquisitions etwas geringer geworden ist (siehe dazu Abb.1). Dieses letzte Merkmal war besonders in den Jahren 1998-2000 festzustellen. Anfang der 90er Jahren wurde vorhergesagt[10], dass die Gründung der Europäischen Union in 1988 und die neuen Regelungen zur Harmonisierung der Regeln der Unternehmensübernahmen in Europa zu einer Erhöhung der Anzahl von Zusammenschlüssen in der Europäischen Union führen werden[11]. Dies hat sich bestätigt: 1997 wurden in Europa Unternehmensverkäufe von Beteiligungsgesellschaften im Wert von 27,4 Mrd. € abgewickelt. Im Jahre 2000 fanden von den 10 größten Mergers & Acquisitions, 4 in der Europäischen Union statt, davon 2 zwischen verschiedenen EU-Ländern. (Vodafone und Mannesmann, Glaxo-Wellcome und SmithKline Beecham, Total Fina und Elf, France Telecom und Orange). Nicht zuletzt hat im Juli 2004 die Europäische Kommission den Zusammenschluss der Musik-Sparten von zwei Grosskonzerne Sony Music und BMG (Bertelsmann Music Group) gebilligt, obwohl solche Zusammenschlüsse lange als Wettbewerbswidrig galten. Da die Europäische Union verschiedenen Kulturen vereinigt, ist es nicht auszuschließen, dass viele Zusammenschlüsse wegen kultureller Unterschiede scheitern werden und zu einer Desinvestitionswelle kommen. Auf dem deutschen Markt haben sich Unternehmensverkäufe im Rahmen

[9] siehe unten Kapitel II, 1 (Spin-Offs)
[10] Vgl. Copeland T., Koller T. und Murrin J., 1991, S. 312
[11] Vgl. Copeland T., Koller T. und Murrin J., 1991, S. 314

einer Umstrukturierung im Sinne vom Abstoßen von Randaktivitäten seit 1994 verdreifacht.

Mittlerweile ist Elie Cohen [12], Wirtschaftler und Forschungsleiter am CNRS (Centre National de Recherche Scientifique, Frankreich), der Meinung, dass eine Senkung der Anzahl der Mergers & Acquisitions bis zum nächsten "Börsenfieber" erfolgen wird. Die Anzahl der Desinvestitionen vergrößert sich in einer guten wirtschaftlichen Lage, und tendiert zu sinken, wenn die Lage sich verschlechtert. Daraus kann man für die nächsten Jahre eine Reduzierung solcher Transaktionen vorhersagen. Da zurzeit oft vor einer Rezession gewarnt wird, und schon im Jahre 2001 die Anzahl von Unternehmenszusammenschlüsse gesunken ist, hat sich diese Tendenz nach den Terror-Anschlägen am 11. September 2001 noch verstärkt.[13]

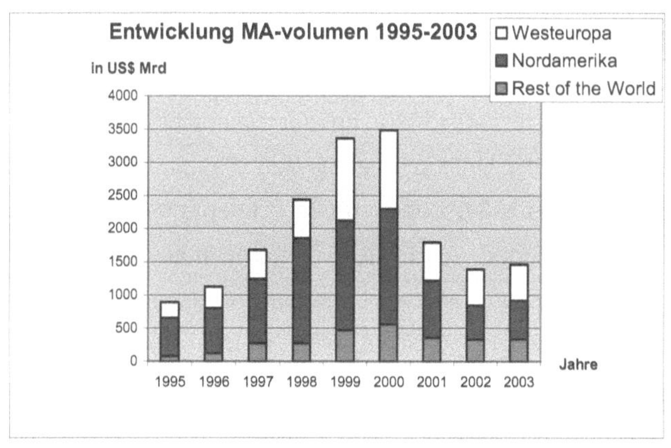

Abb2. Aus "Dealogic" in "Mergers & Acquisitions" (Zeitschrift) 05/2004

[12] Vgl. Interview in "Capital", 10/01, S. 82

[13] Vgl. FT 01/10/01 "Buy-out Volume falls in Quarter"

Im Jahre 2001 ist die Anzahl von Fusionen und Erwerbe sowohl in den USA als auch Weltweit stark gesunken, und der Gesamtwert solcher Transaktionen hat sich von 2000 auf 2001 sogar halbiert.[14] In den Folgejahren ist die Zahl von 2001 relativ stabil geblieben. Für 2002 haben einige Experten einen Fusionsboom erwartet[15], in der Tat haben sich diese Prognosen als zu optimistisch gezeigt, denn in diesem Jahr wurden die Fusionen und Akquisitionen noch geringer als im Vorjahr und trotz des leichten Aufschwungs im Jahre 2004 ist es noch zu früh, um eine Trendwende zu erkennen.

1.1.3. Entwicklungsaussichten der Desinvestitionen

In den USA sind Mergers & Acquisitions viel früher entstanden als in Europa und insbesondere in Deutschland. Bis vor kurzem hätten sich nur wenige deutsche Unternehmen vorstellen können, sich von Unternehmensbereichen zu trennen. Es liegt insbesondere an der unterschiedlichen Struktur der Wirtschaft, und auch der Unternehmen, in den USA und Deutschland. In den USA sind verhältnismäßig viele große Unternehmen, Konzerne und Konglomerate zu finden, und viele Unternehmen sind börsennotiert. Demgegenüber ist Deutschland ein Land von mittelständigen Unternehmen, in der Regel als GmbHs gemeldet. Weil in den USA die Gesetze und Steuergesetze unkompliziert gestaltet sind, gibt es viele Unternehmenszusammenschlüsse und Aus- und Aufspaltungen. In Deutschland beschränkt die Macht der Banken auch der Markt der Unternehmenszusammenschlüsse. Unternehmen beschützen sich vor Übernahmen, in dem sie alle ineinander

[14] Vgl. Anlage 1 (aus www.mergerstatreview.com)
[15] Vgl. Markt und Technik S. 25 "Die Zahl der Fusionen nimmt wieder zu"

verknüpft sind[16]. Deutsche Unternehmen haben Aufgrund der geringeren Anzahl von Unternehmensumstrukturierungen eine gesundere Eigenkapitalausstattung. Sie werden als stabiler und erfolgreicher als amerikanische Unternehmen gesehen, und diese Lage soll sich fortsetzen. Deswegen, gibt es kein Grund, um den deutschen Unternehmensverkaufsmarkt zu deregulieren und zu ändern. Deutsche Managern und Finanzanalysten sehen Unternehmen nicht nur als Investitionsgüter, die verkauft und aufgekauft werden können, sondern auch als Arbeitgeber mit sozialer Verantwortung (siehe Betriebsverfassungsgesetz).[17] Deutsche Unternehmen sind auch viel weniger Shareholder orientiert als amerikanische, und haben weniger Interesse an Erhöhung des Wertes des Unternehmens. Sie legen weniger Wert darauf, dass der Marktwert eine richtige Einschätzung des Unternehmens und seiner Aktivposten entspricht. Der Shareholder-Value Ansatz wurde schon 1986 in den USA eingeführt; das Konzept kam erst ungefähr zehn Jahre später nach Europa und ist immer noch nicht richtig umgesetzt. Feindliche Übernahmen oder Desinvestitionen sind eher marginal und noch wenig verbreitet. Es wird viel mehr auf langfristige Unternehmensstrategie als auf kurzfristige Marktrendite beachtet. Jedoch haben schon ein paar Unternehmen in Deutschland angefangen, den Shareholder-Value-Ansatz anzuwenden. Immer mehr Unternehmen haben vor, Unternehmensbereiche, die nicht zum Kerngeschäft gehören, zu verkaufen, um die Rendite zu erhöhen. Der Shareholder-value Ansatz verankert sich zurzeit zunehmend in Deutschland[18]. Besonders hervorzuheben ist der Fall von Siemens, der eine selbständige Halbleiterbranche (Infineon) gegründet hat. Das "Centre for Management

---

[16] Vgl. Mergers&Acquisitions, 05/2004, "M&A –Markt-Warten auf den Aufschwung in 2004" S. 226
[17] Vgl. MacKenzie I., 2001, S. 100
[17] Vgl. Mergers&Acquisitions, 05/2004, "M&A –Markt-Warten auf den Aufschwung in 2004" S. 227

Buy-Out Research" hat seit 1995 ein starkes Wachstum des deutschen Buy-Out Marktes beobachtet. Verschiedene Gründe werden für dieses starke Wachstum erwähnt: zum Beispiel Nachfolgeregelungen bei den zahlreichen mittelständischen Unternehmen, Konzentration auf Kernkompetenzen von Konzern- und Großunternehmen und Entwicklung des deutschen Beteiligungsmarktes.[19] Volkswirtschaftlich sind Desinvestitionen eine Art von Konzentrationsbremse, die die Monopole und zu große Kartelle und Konzerne auseinander bringen.[20]

Es wird erwartet, dass in Europa im Jahr 2002 mehr Verkäufe von Unternehmensbereiche als im vergangenen Jahr erfolgen. Es müsste für potentielle Investoren besonders interessant sein, weil Unternehmen, die Mängel an Liquidität haben, gezwungen sein werden, gesunde Unternehmensteile zu verkaufen.[21]

1.2. Unternehmensbeteiligungen und Unternehmensbereiche als Desinvestitionsobjekt:

1.2.1.Abgrenzung der Begriffe

1.2.1.1. Unternehmensteile und Unternehmensbereiche

Unternehmen oder Unternehmung ist eine technische, soziale, wirtschaftliche, organisatorische, umweltbezogene und eventuell rechtliche Einheit, die Güter zur Deckung eines Bedarfs erstellt, dazu selbständig Entscheidungen

---

[19] Vgl. Seiler K., 2000, S. 100-102
[20] Vgl. Bruppacher P.R. «Mergers and Acquisitions» bei Siegwart H. (Hrsg.) u.v.a., 1990, S. 281-282
[21] Vgl. FT, 12/11/01, "Access to senior debt to 'restrict buy-out activity'"

trifft und dafür die Risiken trägt.[22] Der Begriff Unternehmen meint immer das gesamte Unternehmen und nicht ein Bestandteil eines Unternehmens.
Ein Unternehmensteil ist ein Teilsystem, der sich von der Unternehmung durch seine eingeschränkte Autonomie unterscheidet. Die Güter bzw. Dienstleistungen dieser Teilsysteme müssen nicht unbedingt am Markt abgesetzt werden. Die Unternehmensteile können selber andere Unternehmensteile beinhalten.
Der Begriff Teilbetrieb wird im deutschen Recht in der Rechtsprechung sowie in der Fusionsrichtlinie definiert. Für die Rechtsprechung sind Teilbetriebe "mit einer gewissen Selbständigkeit ausgestattete, organisatorisch geschlossenen Teile des Gesamtbetriebs, die als solche lebensfähig sind"[23] . Für die Fusionsrichtlinie demgegenüber sind Teilbetriebe "die Gesamtheit der in einem Unternehmensteil einer Gesellschaft vorhandenen aktiven und passiven Wirtschaftsgüter, die in organisatorischer Hinsicht einen selbständigen Betrieb, d.h. eine aus eigenen Mitteln funktionsfähige Einheit darstellen."[24]
Soweit eine Unternehmung rechtlich selbständige Unternehmensteile unter einer einheitlichen Leitung beinhaltet, handelt es sich nach §18 AktG um einen Konzern. Die einzelnen Unternehmen sind Konzernunternehmen. Einzelne selbstständige Unternehmen, die sich unter einer einheitlichen Leitung befinden, bilden auch einen Konzern, auch wenn es kein herrschendes Unternehmen gibt.

---

[22] Schneck O., 2000, S. 119
[23] Herzig N. (Hrsg), 1997, S. 16
[24] Herzig N. (Hrsg), 1997, S. 17

1.2.1.2. Desinvestition

Der amerikanische Begriff "divestiture", welcher auch Desinvestition genannt wird, bezeichnet den Verkauf eines Unternehmensteiles an einen Dritten. Die Zahlung erfolgt Cash, mit verkaufbaren Wertpapieren oder durch eine Kombination von beiden Mitteln.

Desinvestition kann als der "freiwillige Austritt aus einem Markt durch Verkauf des mehrheitlichen Anteils an einer Tochtergesellschaft oder durch Verkauf eines nennenswerten und abgrenzbaren Teils der Unternehmung als laufendes Geschäft an eine oder mehrere andere Unternehmungen oder Investoren"[25] bezeichnet werden.

Der Begriff "divestiture" oder anders Desinvestition genannt, beinhaltet auch "Equity Carve-Out", "sale divestiture" (d.h. ein Teil des Unternehmens gegen Cash und/oder andere Sicherheiten zu verkaufen), "divestiture to management" wie z.B. MBO (Management Buy-Out), und Liquidation[26].

Dieser Begriff "Desinvestition" sollte nicht mit dem amerikanischen Begriff "Spin-Off" verwechselt werden. Die Desinvestition erlaubt dem Unternehmen, Cash zu bekommen; was bei einem Spin-Off nicht unbedingt den Fall ist. "Sell-Off" ist entweder den Verkauf (Anlage gegen Geld) eines Unternehmensbereiches (kein Spin-Off oder Management Buy-Out) oder ein Oberbegriff für alle Transaktionen, die Teilung und den Verkauf eines Unternehmensteils. Der Begriff "divestiture" ist in der Literatur unter verschiedenen, aber ziemlich ähnlichen Meinungen zu finden und wird hier

[25] Dohm L., 1989, S. 2
[26] Vgl. Brück M., 1998, S. 31

als Oberbegriff für das Abstoßen von Randaktivitäten unter verschiedenen Formen verwendet, d.h. Verkauf von Unternehmen an ein anderes Unternehmen oder an Investoren, sowie Spaltung und Trennung von Unternehmen. Um Verwechslung zu vermeiden, wird der Begriff "sale divestiture", als Verkauf eines Unternehmensbereiches bezeichnet. Es ist eine Unterordnung des Begriffs "Divestiture".

1.2.2. Die potentiell abzustoßende Bereiche

1.2.2.1. Identifizierung der potentiell zu verkaufende Bereiche:

Die Identifizierung der Bereiche sollte sowohl vom Verkäufer, vom Käufer, wenn es sich zum Beispiel um ein Management Buy-Out handelt, als auch vom außenstehenden Berater beurteilt werden. Es müssen verschiedene Punkte in Betracht gezogen werden.

Zuerst sollen die Bereiche abgegrenzt werden. Im deutschen Recht gibt es einige Vorschriften, die eingehalten werden sollen. Es liegt nämlich nur eine Betriebsaufspaltung vor, wenn zum Beispiel, der Teilbetrieb außerhalb des Gewerbebetriebes auch einen gewerblichen Charakter hätte. Das Hauptproblem im deutschen Recht ist die richtige Abgrenzung des Teilbetriebs im steuerlichen Sinne. Ein Teilbetrieb soll organisch geschlossen sein, eine gewisse Selbständigkeit im Rahmen des Gesamtbetriebes haben (siehe auch dazu Kapitel I,2,1,1).[27]
Verschiedene Teilungen sind möglich. Man kann das Unternehmen nach Funktionsbereichen ausgliedern, zum Beispiel Forschung und Entwicklung als betriebliche Funktion. In diesem Fall liegt ein sogenannter "FuE Spin-off"

vor[28]. Man kann Unternehmensbereiche nach Objekten unterteilen (z.B. Produkt, Produktgruppen, Kunden, Region usw…). Die ursprüngliche Struktur des Unternehmens sollte klar gegliedert werden, bevor es sich um ein bestimmtes Teil trennt.[29] Geschäftsbereiche können auch als eigenständige Einheiten, die keine wesentliche Synergie mit anderen Teilen des Unternehmens aufweisen, definiert werden. [30]

Um den Unternehmensbereich zu definieren, sollte man sich zusammen mit dem interessierten Käufer verschiedene Fragen stellen.
Sind die jetzigen Gesellschafter gewillt, eine Veräußerung der Gesellschaft in Betracht zu ziehen? Eine erfolgreiche Desinvestition kann nur dann zustande kommen, wenn die Gesellschafter es wollen, sonst kann es nicht mehr als Desinvestition bezeichnet werden, sondern unter Umständen als feindliche Übernahme.
Ist ein dann dadurch entstandenes Unternehmen oder Unternehmensbereich nach dem Verkauf oder der Übernahme allein lebensfähig? Diese Frage ist besonders wichtig, wenn das Unternehmen sich splittert, d.h. sich in zwei Teilen teilt.
Vom finanziellen Sichtpunkt her ist es wichtig zu wissen, ob das Unternehmen oder ein neuer in einem anderen Unternehmen zustande entstandenes Unternehmensbereich in der Lage sein wird, einen ausreichenden Cash-Flow zu erwirtschaften [31]
Wie ist das Wachstumspotential auf dem Markt des auszulösenden Unternehmensbereiches? Ein potentieller Käufer aber auch das zum Beispiel

---

[27] Vgl. Sauer O., 1997, S. 65
[28] Mergers&Acquisitions, 05/2004, "Corporate FuE-Spin-offs in der Chemie-, Pharma- und Biotech-Industrie"
[29] Vgl. Graml R., 1996, S. 38-41
[30] Vgl. Copeland T., Koller T., Murrin J., deutsche Auflage 1998, S. 336
[31] siehe dazu unten Kapitel III, 2, 2 (Ertragswertmethode)

selbständig gewordenen Unternehmen müssen ein gewisses Wachstum sichern können[32].

Diese Fragen dienen zur Beurteilung der abzutretenden Bereiche. Meist sind die verkauften oder selbständig gewordenen Bereiche schon vor der Transaktion eigenständige Einheiten, wie es oft der Fall in Großkonzernen ist, in denen es verschiedene Unternehmen unter demselben Dach gibt. Diese werden oft als "Geschäftsbereiche" bezeichnet und verfügen über alle üblichen Unternehmensfunktionen.
Anders zu betrachten ist jedoch die Verselbständigung von Funktionen eines Unternehmens wie zum Beispiel das Consulting oder die Forschung und Entwicklung. Es kommt in diesem Fall für das "Mutterunternehmen" zu einem Outsourcing, denn nach der Trennung müssen diese Aktivitäten außerhalb des Betriebs durchgeführt werden. Dieser Fall kann zum Verkauf der Kenntnisse und des Know-hows dienen; anstatt diese Fähigkeiten nur intern zu nutzen, vermarktet man sie. Das neu zustandegekommene Unternehmen kann seine Anlagen und sein Wissen auch anderen Unternehmen anbieten.
Die Gründe sich von einem Teil eines Unternehmens trennen zu wollen, sollen auch dazu dienen, das effizienteste Mittel zu finden, den richtigen Geschäftsbereich zu veräußern.

1.2.2.2. Woran ist ein potentieller Käufer interessiert?

Der Käufer eines Unternehmensbereiches hat ungefähr dieselben Bedürfnisse wie der Käufer eines mittelständigen Unternehmens. Der Käufer will möglichst wenig Risiko eingehen. Er erwartet, dass es ihn weniger kostet

---

[32] Vgl. Gösche A., 2000, S.132

ein Unternehmen aufzukaufen, als das Unternehmen selbst neu zu gründen. Der Käufer will auf dem Markt, auf dem das zu verkaufende Unternehmen sich befindet, aktiv werden oder seine eigene Position aud diesem Markt stärken.

Strategische Käufer wollen durch den Erwerb von anderen Unternehmen das interne Wachstum des eigenen Unternehmens vorantreiben. Sie wollen zum Beispiel ihre Produktpalette erweitern, ihren Vertrieb ausweiten oder optimieren, ihre Produktionskapazitäten ausbauen, oder sich in neuen Standorten implementieren. Der Käufer will Synergie-Effekte benutzen können und eventuell der Zugang zu anderen Technologien und Know-how erwerben. Er kann auch dem Fokussierungstrend folgen, in dem er einen ehemaligen Konkurrenten aufkauft. Dies ist aber nur im begrenzten Maße möglich, denn der Käufer muss sich an das Wettbewerbs- und Kartellrecht halten.

Die Finanzkäufer-Gruppe, die immer öfter auf dem Unternehmensverkaufsmarkt auftritt, besteht aus privaten Investmentgruppen und Fonds. Ihr Ziel ist es, ihr Geld arbeiten zu lassen. Sie wissen, wie man ein Geschäft analysiert, und können künftige erwartete Gewinne kalkulieren. Sie wissen auch, Finanzierung durch Außenstehende zu sichern und das Geschäft zum Abschluss zu bringen. Dennoch sind sie keine Unternehmer, haben keine Managementkenntnisse und haben auch meist nicht die Fähigkeit, selbst ein Unternehmen zu führen. Deswegen ist das Investitionsrisiko der Investoren höher, als das eines strategischen Käufers, weil diese Investoren von den kalkulierten Investitionserträgen Risikopauschalen abziehen müssen. [33] Zur

[33] Vgl. Seiler K., 2000, S.173-175

Zeit sind die recherchiertesten Sektoren für Finanzinvestoren die Pharma- und Gesundheitsindustrie, Dienstleistungen und Immobilien.[34]

In beiden Fällen muss man jedoch davon ausgehen, dass der Käufer auch ein erfolgreiches und rentables Geschäft haben will. Am 2. Oktober 2001 berichtete Matthew Jones in seinem Artikel des Financial Times "Eon's silicon plant sold for $1", dass Eon zwar zu einem Dollar seinen Anteil an MEMC verkauft hat, aber bis zu $150m bekommen könnte, wenn sich die Gewinnergebnisse im nächsten Jahr verbessern, und sogar noch $300m mehr, wenn die Bruttogewinne mehr als $300m erreichen. Dies zeigt durchaus, dass die Gewinnerwartungen für einige Käufer sehr wichtig sind und auch den Verkaufspreis stark beeinflussen können. Investoren suchen nach defensiven mittelständigen, marktorientierten Unternehmen mit guten vertraglichen Umsatzaussichten. Zukunftsorientierte Sektoren, die diese Erwartungen erfüllen sollten, sind zum Beispiel Unternehmen der Gesundheitsindustrie[35], der "Support"- Dienstleistungen und der "Support"-Güter. Jedoch könnte man ein Gegenbeispiel im Fall des Kaufes von AEG durch den Daimler Konzern nennen. AEG verfügte über starke Verluste, doch Daimler hatte das Unternehmen gekauft. Das Unternehmen wurde von Daimler, aus zweierlei Gründen aufgekauft. Zuerst konnte dadurch Daimler, das Know-how von AEG in der Halbleiterindustrie erwerben, ein Sektor, der immer größere Bedeutung für die Automobilindustrie gewinnt. Zusätzlich konnte er den Verlustvortrag vorschieben (jedoch nur in maximaler Höhe von 1 Mio. DM). Es ist in diesem Fall für den Erwerber günstig, ein mit Verlust belasteten Unternehmen zu kaufen, denn er kann diesen vom Gewinn des nächsten Jahres abziehen und dadurch Steuer sparen. Es wäre aber ein

[34] Vgl. FT, 01/10/01, "Buy-Out volume falls in quarter"
[35] Mergers&Acquisitions, 05/2004, "Corporate FuE-Spin-offs in der Chemie-, Pharma- und Biotech-Industrie"

Sonderfall für den Erwerb eines Unternehmens, denn ein Unternehmen kann nicht lange einen nicht gewinnfähigen Unternehmensbereich ertragen.

1.2.3. Desinvestition vs. Erwerb von Unternehmen

Theoretisch erfolgt ein Verkauf genauso wie eine Akquisition. Es ist dieselbe Transaktion, die aus zwei verschiedenen Betrachtungsweisen und Interessen erfolgt. Beide Typen von Transaktionen können zur Optimierung des Geschäftes durch einen Mergers & Acquisitions Berater erfolgen, der die Etappen der Verselbständigung oder des Verkaufes sowie die Akquisition durchführt und sich um die Integration des Unternehmensteils in das erwerbende Unternehmen kümmert. Man kann grundsätzlich sagen, dass der Verkäufer sein Gut möglichst schnell und teuer verkaufen will und der Käufer den niedrigsten Preis für einen maximalen Erfolg zahlen will.

Die Motive für einen Unternehmenserwerb, wären eher die Expansion des Geschäfts, eine Diversifikation und Auslagerung von branchenspezifischen Risiken. Jedoch können sowohl Unternehmenskäufe als auch Unternehmensverkäufe zur Erhöhung des Firmenwertes dienen. Es ist unter anderem der Fall, wenn man von Synergieeffekte oder umgekehrt Anergieeffekte[36] redet. Akquisitionen sowie Desinvestitionen können zur Stärkung der Kernkompetenzen dienen, in dem es möglich ist, ein Unternehmen aufzukaufen, um die eigene Kompetenz und Marktposition zu stärken, ohne jedoch in eine Monopolposition zu geraten. Desinvestitionen können insofern der Konzentration auf das Kerngeschäft dienen, wenn Unternehmensbereiche verkauft werden, deren Geschäfte sich stark vom

[36] siehe unten Kapitel I, 3, 3

Hauptgeschäft des Konzerns unterscheiden. Das französische Unternehmen Vivendi hat eine solche Strategie durchgeführt: Vivendi hat Seagram an Pernod Ricard für $8bn verkauft[37], nachdem er die gesamte Unternehmensgruppe gekauft hatte, in der Seagram enthalten war. Vivendi hat aber die Medienaktivitäten dieser bereits zugekauften Unternehmensgruppe beibehalten. Vivendi strebt an, seine Kompetenz im Medienbereich erweitern.

Mergers & Acquisitions entwickeln sich parallel zu Desinvestitionen[38], was durchaus beweist, dass beide Transaktionstypen zu ähnlichen Zielen führen, denn auch in Rezessionsphasen gibt es prozentual nicht wirklich mehr Desinvestitionen als Mergers & Acquisitions.

1.3. Gründe zum Verkauf von Unternehmensbereiche und Unternehmensteile

Allgemein kann man sagen, dass eine Desinvestitionsentscheidung entweder aus strategischen oder aus finanziellen Gründen erfolgen kann. Diese können entweder aus der Unternehmung selbst stammen, das wäre dann eine offensive Entscheidung, oder eine Reaktion auf den Markt, auf die Konkurrenten oder sogar auch auf potentielle Käufer, was eher als eine defensive Entscheidung zu betrachten ist[39]. Selbstverständlich sind meist sehr viele Gründe miteinander verknüpft. Da eine Desinvestition eine schwierige Entscheidung ist, ist es sinnvoll, mehrere Gründe zu haben, um

[37] Vgl. FT, 20/12/01, "Seagram's $8bn sell-off approved"
[38] siehe oben Abb. 1
[38] Vgl. Dohm L., 1989, S. 48-58

die Shareholder und das Management davon zu überzeugen, dass ein Unternehmensbereich abgestoßen werden muss.

1.3.1. Konzentration auf das Kerngeschäft/Misserfolg

Fokussierung ist in den letzten Jahren ein Modetrend geworden. Besonders in Konzernen der Pharma-Industrie, die ihre Randaktivitäten abgestoßen haben wie z.B. Aventis, das sich durch seine Gründung von der ursprünglichen Chemiebranche abgelöst hat. Hoechst-Marion-Roussel hatte vor der Fusion mit Rhône-Poulenc 15 von 17 Strategic Business Units verkauft, was durchaus zeigt, dass die Konzentration auf das Kerngeschäft vorhergesehen war. Es ist auch das Beispiel von Alcatel zu nennen, der den Maschinenbaubereich abgegeben hat, um sich exklusiv auf die Telekombranche zu konzentrieren.[40] Die Unternehmen wollen als Spezialisten in einem Bereich angesehen werden, und dadurch ihre Arbeitsqualität und ihr Image bei den Kunden verbessern.

Das Abstoßen von Randaktivitäten ist einer der Hauptgründe für den Verkauf von Unternehmensbereichen. Es entstehen neue mittelständische Strukturen durch den Umbau von Großkonzernen. Eine Desinvestition dieser Konzerne könnte nach der IKB Deutsche Industriebank zu mehr als 100 mittelständige Unternehmen führen. Verursacher dieser "Spin-Offs" sind immer häufiger Beteiligungsgesellschaften, die Geld aus den Banken und Versicherungen besonders für Industrien der klassischen Branche benutzen. Sie sind daran interessiert, an neuen Unternehmen, die zum Beispiel durch diese

[40] Vgl. Cohen E., Capital 10/01, S. 82

Desinvestitionen entstanden sind, teilzuhaben. Nicht selten kommt es vor, dass eine Investorengruppe einen Unternehmensbereich aufkauft und eine weitere Börseneinführung durchführt.[41]

Nach aufeinanderfolgenden Akquisitionen oder durch fehlgeschlagene Mergers, aber auch durch ein schlechtes Finanz- oder Marketingmanagement, ist das Unternehmen möglicherweise nicht erfolgreich zusammengewachsen. Jedoch muss man auch daran denken, dass eine Desinvestition auch Kosten verursacht; es ist deshalb auch selten, dass ein Unternehmen, das wirklich Schwierigkeiten hat, nur einen Unternehmensbereich verkauft. Diese Transaktion würde die Rentabilität oder die Finanzlage des Unternehmens nicht unbedingt verbessern, es sei denn, sie haben hochwertige spezialisierte Anlagen, die zu einem hohen Preis verkauft werden können.

Die Unternehmensstrategie muss natürlich auch zu den Geschäftsbereichen passen. Das Aktivitätsportfolio wird definiert und die beibehaltenen Geschäftsbereiche müssen dem Portfolio des Unternehmens entsprechen. Zum Beispiel, um die Strategie des Unternehmens durchzuführen, sich auf bestimmte Produkte zu konzentrieren, wird man Geschäftsbereiche verkaufen, damit sie nicht mehr mit dem zu den Unternehmen gehörenden Geschäftsbereich erkannt werden.

Möglicherweise haben sich die strategischen Schwerpunkte des Unternehmens verschoben. Um nochmals das Beispiel von Hoechst-Marion-Roussel zu nennen, wurden die gesamten Chemiebereiche, die nicht direkt

[41] Vgl. Seiler K., 2000, S.42

der pharmazeutischen Industrie gehören, aus dem Konzern herausgelöst. Das Unternehmen hatte sich entschlossen, seine Kernkompetenz und seine Strategie auf die pharmazeutischen Produkte zu konzentrieren.[42]
Ein anderes Beispiel ist das von Eon, das für seine deutsche Energiegeschäfte bekannt ist. Eon hat seine Strategie so ausgerichtet, dass das Unternehmen sich exklusiv mit dem "neue-Energie"-Gebiet beschäftigt. Deshalb hat das Unternehmen am 1. Oktober 2001 entschieden seinen 71,8 prozentigen Anteil an der MEMC der Texas Pacific Group zu verkaufen. (US silicon wafer manufacturer). Das Unternehmen wurde zu 1$ nominal verkauft, diese Kondition, die schon im Kapitel I,2,2 erläutert worden ist, zeigt aber, dass das Unternehmen bereit war, sich zu jeder Kondition von diesem Geschäftsbereich zu trennen.[43]

Unternehmen wollen weder ihr Geld noch ihre Fach- und Management-Kompetenzen verzetteln und versuchen daher, statt überall nur mittelmäßig zu sein, in einem Bereich stark zu sein, und deshalb sich auf diesen zu konzentrieren. Sie benutzen dabei die bekannte Portfoliotheorie des "Boston Consulting Group", in dem sie die "Cash Traps" oder Auslaufprodukte vom Markt verschwinden lassen[44]; ebenso passiert es mit Unternehmensbereichen. Die Unternehmen wollen ihre Managementzeit auf strategische Schwerpunkte konzentrieren und sich auf Unternehmensstärken fokussieren.

---

[42] Vgl. Cohen E., Capital 10/01, S. 82
[43] Vgl. FT, 02/10/01, "Eon's silicon plant sold for $1"
[43] Vgl. Bruppacher P.R. «Mergers and Acquisitions» bei Siegwart H. (Hrsg.) u.v.a., 1990, S. 274

1.3.2. Zusammenhang mit Mergers & Acquisitions, Corporate Strategy

1.3.2.1. Mergers & Acquisitions verursachen Desinvestitionen

Ein Unternehmen kann eine Desinvestitionsentscheidung treffen, wenn es zum Beispiel einen Zusammenschluss oder den Kauf eines anderen Unternehmens plant, oder bereits abgeschlossen hat.
Neben der Konzentration auf Kernkompetenzen, die bereits erwähnt wurde, ist das Auflösen[45] eines nicht erfolgreichen Mergers & Acquisitions einer der wichtigsten Gründe der Desinvestition. Einige Beispiele dafür sind Auflösung von Konglomeraten wegen Integrationsproblemen infolge einer Verschmelzung oder Akquisition eines anderen Unternehmens bzw. Konzerns. Es ist zu bemerken, dass diversifizierende Erwerbe, die das Unternehmen in der Vergangenheit realisiert hatte, eine höhere Wahrscheinlichkeit haben, desinvestiert zu werden, als Erwerbe, die nicht diversifizierend waren. Integrationsprobleme kommen oft dann zustande, wenn beide Unternehmen aus unterschiedlichen Kulturen stammen, zum Beispiel aus verschiedenen Ländern, oder auch nur unterschiedliche Unternehmenskulturen und Philosophien ausweisen. Um zwei Extreme zu nennen, Daimler ist ein typisch deutsches Unternehmen und Chrysler ein typisch amerikanisches Unternehmen. Deutsche Unternehmen verfügen aber über eine starke Hierarchie und amerikanische eine sehr flache Hierarchie, was dann bei der Gründung des neuen Managementteams zu Reibungen und Missverständnissen geführt hat.

Eine Desinvestitionsentscheidung kann getroffen werden, um Kern-kompetenzen zu erhöhen, nicht als strategische Grundlage in sich selbst,

---
[45] Vgl. Gaughan P.A., 1999, S. 399-401

sondern eher um einen künftigen Unternehmenserwerb vorzubereiten. In der Tat wurde bewiesen, dass Unternehmen mit starkem Kerngeschäft erheblich mehr Chancen haben, bei einem Unternehmenserwerb erfolgreich zu sein, als Unternehmen, die ein schwaches Kerngeschäft besitzen[46]. In diesem Sinne kann es nützlich sein, eine oder mehrere Unternehmensbereiche zu verkaufen. Dies ist wahrscheinlich einer der Gründe, weshalb Hoechst vor seinem Zusammenschluss mit Rhône-Poulenc 15 seiner 17 Geschäftsbereichen abgestoßen hat, um Aventis bessere Zukunftschancen zu geben. Ein weiteres Beispiel hierfür ist Eon: Eon hat, sofort nach seiner Gründung aus dem Zusammenschluss von Veba und Viag entschieden, MEMC zu verkaufen, um sich exklusiv auf den Energiebereich zu konzentrieren und auch um die vorhandenen Verluste zu stoppen.[47]

Eine Desinvestition kann auch als Takeover defense[48] begründet werden, jedoch nur als letzter Ausweg, wenn keine andere Möglichkeit besteht. Es kann entweder präventiv oder aktiv gehandelt werden, um feindliche Übernahmen zu verhindern. Das Unternehmen will sich selbst für den interessierten Käufer unattraktiv darstellen oder ganz einfach die Transaktion unmöglich machen. Für letzteres muss das Unternehmen sich Freiheiten mit den Stockholders-Ressourcen herausnehmen. Zu diesem Motiv können folgende Lösungen herangezogen werden: das Unternehmen in einen Leveraged Buy-Out (LBO) mithineinbeziehen, wertvolle Aktivposten verkaufen, andere Unternehmen zukaufen (NB: dieser Fall ist keine Desinvestition), eigene Anteile wieder aufkaufen oder das Unternehmen liquidieren. Einen LBO durchzuführen besteht darin, das Unternehmen an

[46] Vgl. Copeland T., Koller T., Murrin J., 1991, S. 321
[47] Vgl. FT, 02/10/01, "Eon's silicon plant sold for $1"
[47] Vgl. Gaughan P.A., 1999, S 228-229

private Hände zu verkaufen und dadurch einen Aufkauf unmöglich zu machen, um die Kontrolle über das Unternehmen nicht zu verlieren. Zum selben Zweck der Bewahrung der Kontrolle über das Unternehmen können auch eigene Anteile aufgekauft werden. Dies erfordert aber eine Neu-Emittierung von Aktien, die das Unternehmen kauft, damit erhöht es seinen Anteil am gesamten Aktienpaket und dadurch sein Mitspracherecht.

Der Verkauf von Aktivposten ist ein sehr umstrittenes Thema. Der Hintergrund besteht darin, dass das Unternehmen durch den "Verlust" seiner Aktivposten weniger attraktiv für den Käufer dasteht.

Die Liquidation des Unternehmens erfolgt durch den Verkauf der Aktivposten und die dadurch entstandenen Dividenden werden den Aktionären ausgeschüttet. Im Interesse der Aktionäre muss die Dividendenausschüttung höher sein, als das Angebot des feindlichen Erwerbers, was relativ selten der Fall ist.

1.3.2.2. Strategische Gründe zur Desinvestition

Um sein Image zu pflegen, kann ein Unternehmen aus einem strategischen Standpunkt desinvestieren wollen. Dies kann in unterschiedlicher Weise erfolgen: das Unternehmen kann zum einen den Abbau von veralteten Produkten und Anlagen planen. Dies ist z.B. der Fall von Invensys, eine Engineeringsgruppe, die im Rahmen ihrer Restrukturierung den Verkauf ihrer Aktivposten für £750m plant.[49] Automotive Systeme oder Software Systeme, die von der Rezession betroffen sind, gehören auch zu Branchen, die

[49] Vgl. FT, 01/10/01, "Invensys plans up to £750m asset disposals"

restrukturiert werden sollen. Möglicherweise sind diese Produkte veraltet oder nicht mehr an der Spitze der Technologie, und müssen überholt werden.
Das Unternehmen will in der Öffentlichkeit das Image eines innovativen Unternehmens behalten. Deswegen investiert es auch nicht in Produkte oder Unternehmensbereiche, die sich in ihrem Lebenszyklus in einer Stagnations- oder Schrumpfungsphase befinden.
Das Unternehmen hat als Ziel, nur Produkte und Dienstleistungen anzubieten, die noch ein gutes Verkaufspotential haben und natürlich dafür Know-how und Technologie zu benutzen, die die Entstehung solcher Produkte gewährleisten können. Das Unternehmen kann sogar eventuell entscheiden, seinen Kernbereich zu verkaufen, wenn das Management der Meinung ist, dass dieses Marktsegment kein Wachstumspotential mehr hat.
Schadet ein Geschäftsbereich dem Image eines Unternehmens, so ist es auch möglicherweise für das Unternehmen sinnvoll sich von diesem Bereich zu trennen. Solche Unternehmensbereiche sind z.B. Bereiche, in denen es Skandale gegeben hat, oder die mit der Umwelt nicht so umgehen, wie das Mutterunternehmen es für sein Image gern hätte. In diesem Fall ist es für den Konzern sinnvoll, dass die Gesellschaft aufgrund eines "schwarzen Schafes" nicht den ganzen Konzern boykottiert. Durch diese Entscheidung will das Unternehmen seine Legitimation gegenüber dem Staat oder der gesamten Gesellschaft verbessern.

Ein letzter Grund zum Verkauf eines Unternehmensteils kann bei mittelständischen Unternehmen ein Nachfolgeproblem sein. Will der Nachfolger das gesamte Unternehmen nicht behalten oder ist es unmöglich, das gesamte Unternehmen als ganzes an einen Dritten zu verkaufen, so ist der Verkauf von Unternehmensteilen durchaus sinnvoll. Solche Fälle treten z.B. auf, wenn das Unternehmen sehr unterschiedliche nicht zusammenhängende Unternehmensbereiche besitzt, die für einen Käufer als eine Last betrachtet werden könnten. Ein sehr schnell expandierendes Unternehmen besitzt möglicherweise nicht die für ein Großunternehmen notwendigen Strukturen, deshalb kann es in diesen Fällen Sinnvoll sein, das Unternehmen in kleinere Geschäftsbereiche zu teilen, um die Expansion der einzelnen Bereichen zu ermöglichen.

1.3.3. Shareholdervalue-ansatz (Kostensenkung)

Ein wichtiger Grund für Desinvestitionen ist auch den Wert des Unternehmens zu steigern bzw. Geldersparnisse zu ermöglichen. Institutionelle Investoren versuchen das Management dazu zu bringen, immer mehr in Richtung Shareholder-Value zu agieren[50].

Eine Desinvestitionsentscheidung aus diesem Grund (Wertsteigerung des Unternehmens) ist die so genannte "Reverse Synergy" oder auch "anergy-effect"[51] genannt. Eine Synergie würde bedeuten, dass die Summe der vereinigten Unternehmungen mehr Wert ist, als wenn sie separat betrachtet werden. Reverse Synergy stellt genau das Gegenteil dar, und zwar, die Summe des Werts jedes separaten Teils ist mehr Wert als der Wert des gesamten Konzerns (nach der Aussage 2+2=3) [52]. Ein außenstehender Käufer würde dann für einen Unternehmensteil mehr bezahlen, als der Wert, den er im gesamten Unternehmen darstellt. Dies ist der Fall, wenn zum

[50] Vgl. www.spinoffadvisors.com "Profiting from Corporate Divestiture"
[51] Vgl. Copeland T., Koller T., Murrin J., 1991, S. 274 und Gaughan P.A., 1999, S.402
[52] Vgl. Graml N., 1996, S. 97-100

Beispiel der Unternehmensteil innerhalb des Unternehmens nicht profitabel funktionieren kann. Der Unternehmensteil wäre erfolgreicher, wenn es einem anderen Unternehmen gehören würde, oder wenn es selbständig sein würde.

Gibt es in dem Unternehmen unrentable Geschäftsbereiche oder Aktivitäten, die nicht unmittelbar zum Kerngeschäft gehören, können Spin-Offs und Desinvestitionen vorteilhaft sein. Erfüllt ein Unternehmensbereich nicht den Renditeerwartungen des Mutterunternehmens kann ein Spin-Off durchaus in Erwägung gezogen werden. Es gibt viele Gründe, warum ein Unternehmensbereich nicht erfolgreich sein kann. Die Industriesparte kann in Rezession sein, hohe Personalkosten können auch diesen Geschäftsbereich benachteiligen. Eine Desinvestition kann auch sinnvoll sein, wenn ein Unternehmensbereich erfolgreicher allein sein kann, als innerhalb des gesamten Konzerns. Ein Beispiel hierzu ist Lucent Technologies, das Produkte an Konkurrenten von AT&T nach seiner Trennung verkaufen konnte, was vorher unmöglich war[53].

Desinvestitionen oder Verkäufe von Unternehmensbereichen können auch dazu dienen, Schulden zu verringern oder ganz einfach Verluste zu stoppen, in dem durch den Verkauf von Vermögensanteilen oder Unternehmensbereichen Geld für das Unternehmen oder Konzern flüssig gemacht wird. Ein Unternehmensverkauf produziert Liquiditäten. Das Unternehmen kann einen langfristigen Aktivposten verkaufen. Wenn dieser "Asset" ein gewisser Cash-Flow während seiner Benutzung generierte, ist es möglich, ihn für einen höheren Betrag zu verkaufen, denn Erträge sind mit diesem Aktivposten direkt verbunden. Unternehmen, die unter finanziellen Schwierigkeiten leiden,

[53] Vgl. www.spinoffadvisors.com "Profiting from Corporate Divestiture"

verkaufen oft hochwertigen Kapitalanlagen, um Cash-Flow zu generieren. Es ist offenbar ein Mittel, um Schulden zu decken, und dadurch die Bilanz zu verbessern: es gibt zwar weniger Aktivposten, aber auch weniger Schulden und mehr Liquidität.[54]

Dieser Mechanismus ist von Invensys am 1. Oktober 2001 verwendet worden. Um seine £3,2bn Schulden zu decken, hat Invensys für £750m Aktivposten verkauft.[55] Viel konkreter ist noch das Beispiel von Bayer und Aventis. Aventis hat seine agrochemische Branche Aventis Crop-Science verkauft. Das deutsche Unternehmen Bayer hat das Geschäft übernommen, und dafür 7,25 Milliarden Euro inklusive zwei Milliarden Schulden bezahlt. Dies ermöglicht Aventis seine Schulden bis Ende 2004 von heutigen €11,5bn auf €4bn zu reduzieren[56]. Eine Desinvestition von Unternehmensteilen erhöht den Shareholder-Value, wenn der Verkaufswert dem Marktwert entspricht. Ein paar Jahre nach dem Verkauf eines Unternehmensbereiches, haben die zwei auseinander gewachsenen Unternehmen ganz unterschiedliche Ergebnisse. Siemens, nachdem es sich von Infineon (Halbleitersparte) getrennt hatte, erzielt jetzt Gewinne; Infineon daneben hat immer noch Verluste, Situation, die sich mit der Branchenkonjunktur nur noch verschlechtert hat[57]. Man kann auch Unternehmensbereiche verkaufen, die erfolgreich sind. Diese können dann zu einem höheren Preis verkauft werden.

Der Verkauf oder die Desinvestition eines Unternehmensbereiches können dazu dienen, die Fixkosten zu reduzieren, die nicht unmittelbar zum

---

[54] Vgl. Gaughan P.A., 1999, S. 402
[55] Vgl. FT, 01/10/01, "Invensys plans up to £750m asset disposals"
[56] Vgl. finance.yahoo.com 16/11/00 "Aventis plans to split-off crop unit in deal that could fetch $6,86 billion", FT, 02/10/01, "Bayer to pay €7bn for Aventis", manager-magazin.de "ein neues Bayer schaffen"
[56] Vgl. FT, 15/11/01, "Siemens in profit after Infineon sale"

Kernbereich gehören. Es wird nachgeforscht, wo man billiger produzieren kann. Teilweise geht man in diesem Fall davon aus, dass die im Unternehmensteil gebundenen Kapitalanlagen bei der Freisetzung einen höheren Erfolgsbeitrag leisten können. Unprofitable Einheiten werden verkauft oder es werden strategische Fehler korrigiert. Vermieden werden auch eventuell hohe Investitionserfordernisse, wenn zum Beispiel die Sachanlagen wie Gebäude oder Produktionsmaschinen alt sind und den neuen Normen entsprechen müssen.

Die Ressourcen des Unternehmens werden auch bei nachhaltig verschlechterter Wettbewerbssituation geschont. Man versetzt die finanziellen Mittel auf andere Schwerpunkte, bzw. auf andere Produkte. Man stellt die finanziellen Mittel für andere Geschäftsbereiche bereit. Der Geschäftsbereich wird in diesem Fall praktisch vernachlässigt.
Anders gesehen kann man auch Kosten und Risiken auslagern, besonders im Bereich der Forschung und Entwicklung. Dieser Typ von Unternehmensbereich wird oft nur als ein Kostenverursacher gesehen. Die Verselbständigung einer solchen Einheit ermöglicht zum Beispiel eine größere Freiheit und eine Verkürzung der Entscheidungswege. Hewlett-Packard, bei der Verselbständigung seiner Mess- und Medizintechnikeinheit, die heute Agilent Technologies heißt, hatte verschiedene Ziele verfolgt: erstens, sich auf das Kerngeschäft rund um die Informations- und Kommunikationstechnologie zu konzentrieren und zweitens konnte die stark auf Forschung und Entwicklung orientierte Branche Agilent effizienter gestaltet werden.[58]

[58] Vgl. www.spinoffadvisors.com, "why spin offs prosper" und "spin-off's 101"

Trotz dieser Gründe, ist es nicht selbstverständlich, dass die Desinvestition eines Unternehmensbereiches sich finanziell lohnt. Es kann auch für das zu verkaufende Unternehmen teuer sein, sich zu veräußern, ein Teil seiner Aktivitäten zu verkaufen oder zu verselbständigen. Es entstehen viele Kosten wie die Aufrechterhaltung von Garantien und Serviceleistungen, Abbruch und Entsorgungskosten oder die Bereitstellung neuer Kreditsicherungsobjekte. Zudem sind mit einen Namenwechsel oder dem Verkauf eines Unternehmens oft Kommunikationskosten verbunden, die sowohl die Öffentlichkeit als auch die Investoren und Geschäftspartner vor und nach der Transaktion über den Status des Unternehmens informieren sollen. Die Suche nach einen potentiellen Käufer kann auch extrem kostspielig werden. Es muss einen Käufer oder ein Geschäftsführer gefunden werden. Der "richtige" Geschäftsbereich muss identifiziert werden, die späteren finanziellen Erwartungen evaluiert und/oder der Wert des Bereiches berechnet werden. Oft wird auch ein Mergers & Acquisitions-Berater oder ein Consultant beauftragt. Deswegen sind die finanziellen Gründe einer Desinvestitionsentscheidung mit Vorsicht zu betrachten. Man muss auch in Betracht ziehen, dass die fixen Overheadkosten nicht nur beim restlichen Teil des Unternehmens bleiben werden und neu verteilt werden müssen.[59]

1.3.4. Steuerliche und Gesetzliche Gründe

Steuerliche Gründe liegen sehr nah an finanziellen Gründen. In diesem Fall ist das Ziel des Unternehmens seine Kosten zu senken. Jedoch sind diese Gründe vom Staat abhängig, in dem sich die Unternehmung befindet. Es

[59] Vgl. Dohm L., 1989, S. 20-27

werden auch immer neue Gesetze und Verordnungen erlassen, so dass es nicht möglich ist, die möglichen Steuerersparnisse in Detail zu betrachten. Anbei sind dennoch einige Beispiele aufgeführt.

In den USA kann es für ein Unternehmen günstig sein, einen Spin-Off zu machen, da es durch diesen Weg Steuern spart, und dies besonders, wenn Ölgesellschaften oder Immobiliengesellschaften gegründet werden.[60]
Bei Unternehmenszusammenschlüssen von Konzernen kann es dazu kommen, dass das neu entstandene Unternehmen sich dann in einer Monopolposition findet und gegen die Antitrust-law (Kartellverbot) verstößt. In diesem Fall muss der Käufer gewährleisten, dass er sich von einem Teil des erworbenen Unternehmensteils oder von Teilen seines eigenen Unternehmens lösen wird.[61] Der erste Fall kam beim Kauf von Seagram durch Diageo in Dezember 2001 vor. Die amerikanischen Behörden haben als Voraussetzung zur Genehmigung der Transaktion, den Verkauf der Malibu Rhum-Sparte von Diageo gefordert[62]. Ein weiterer Fall war Bayer, der beim Kauf des Aventis Crop-Science Geschäftsbereiches von der Europäischen Kommission aufgefordert wurde, einige seiner Aktivposten zu verkaufen, um die wegen des Erwerbs entstandene Marktdominanz abzuschaffen. Hätte Bayer diesen Unternehmensbereich nicht verkauft, wäre die Transaktion nicht genehmigt worden.[63]
Ein anderer nicht erheblicher Grund zur Desinvestition ist der Zugang zur Börse einer Geschäftseinheit oder anders gesagt, die Kapitalveröffentlichung dieses Bereiches. Kleinere Unternehmen oder getrennte Unternehmensbereiche haben einen besseren Zugang zur Börse, denn es wird für

[60] Vgl. Gaughan P.A., 1999, S. 410 und www.spinoffadvisors.com, "profiting from corporate divestiture" & "spin-off's 101"
[61] Vgl. Gaughan P.A., 1999, S. 402
[62] Vgl. FT, 20/12/01, "Seagram's $8bn sell-off approved"
[62] Vgl. FT, 03/12/01, "Bayer to face antitrust probe over purchase of Aventis unit"

Investoren einfacher, diese einzelnen Unternehmen zu beurteilen. Einige Investoren suchen nämlich ausschließlich Unternehmen aus gewissen Sektoren und wollen deshalb nur in Unternehmen investieren, die eindeutig zu einem bestimmten Industriesektor gehören und keine Mischkonzerne sind.

II. Möglichkeiten, sich von einem Unternehmensbereich zu trennen:

Es gibt verschiedene Möglichkeiten, sich von einem Unternehmensbereich zu trennen. Viele der hier erwähnten Umstrukturierungsformen wurden ursprünglich in den USA angewendet. Die meisten Verkäufe von Unternehmensbereichen sind Desinvestitionen im engen Sinne; das heißt, dass das Unternehmen ein Teil seines Ganzen verkauft, zum Beispiel als Form eines Geschäftsbereiches (Sale divestiture)[64]. Es wird grundsätzlich zwischen den "Asset Deal", bei dem nur Aktivposten und Vermögensanteile verkauft werden und den "Share Deal", bei dem Anteile in Form von Aktien verteilt werden unterschieden. Der Unternehmensbereich wird entweder an einen externen Käufer verkauft, oder auch eventuell zum Beispiel durch einen MBO selbständig gemacht. In finanziellen Zeitschriften und Nachrichten wird eher selten die Form des Unternehmensverkaufs, sondern nur die Begriffe "Sell-Off" oder "Spin-Off" und eventuell "Buy-Out" erwähnt. Andere Formen der Unternehmensbereichs-trennung als "Sell-Off", "Spin-Off" und "Buy-Out" sind in Europa selten zu finden.

Spin-Offs und Split-Offs sind "Abschleuderungen" eines Teils der Gesellschaft ohne Beeinträchtigung oder Veränderung für die bisherige Beteiligungs- oder Anteilsverhältnisse.[65] Das Ablösen eines Unternehmensteils vom Mutterunternehmen bedeutet auch schon längst nicht, dass beide dadurch entstandenen Unternehmen keine Beziehungen mehr zueinander haben. Oft ist die Zusammenarbeit zwischen beiden Unternehmen gut und das neue Unternehmen kann Vorteile durch die Spaltung erzielen.

[64] dieser Fall wird unten im Kapitel III mehr im Detail erarbeitet
[65] Vgl. Theisen M.R., 1991, S. 166

2.1. Spin-Off

Spin-Offs sind eine der bekanntesten Formen der Unternehmens-verschlankung"

2.1.1. Definition

In einem Spin-Off wird eine neue rechtliche Einheit gegründet. Es ist eine so genannte "echte Betriebsaufspaltung"[66] Es handelt sich dabei um die wirtschaftliche und rechtliche Verselbständigung einer Betriebsfunktion. Es ist die Herauslösung oder "Wegschleuderung" von Unternehmensteilen aus einer komplexen Unternehmensstruktur; diese Unternehmensteile gehören oft nicht zum Kerngeschäft. Neue Aktien werden herausgegeben und den Aktionären auf eine Pro-Rata Basis verteilt. Die Verteilung der Aktien in den neuen Unternehmen ist identisch zu der in dem Mutterunternehmen. Diese Neugründung eines Tochterunternehmens, das auch wie das Mutter-unternehmen börsennotiert wird, ist in den USA sowohl für das Unternehmen als auch für die Anteilseigner steuerfrei. Man verkauft im Endeffekt die "Assets" (Aktivposten) steuerfrei; aus diesem Grund ist diese Desinvestitionsform in den USA die beliebteste und meist verbreitete Form.[67]

Der Spin-Off ist ein Mittel, für das Unternehmen, mit geringen Kosten, Geschäftsbereiche zu verkaufen. Es stellt eine Alternative zur Schließung des Unternehmens, zur Reorganisation und zum Verkauf an Dritten dar. Die Assets, selbst wenn sie einen hohen Wert haben, können einfach "symbolisch" an das neu gegründeten Tochterunternehmen verkauft werden.

[66] Söffing G., 1999, S. 61-62
[67] Vgl. www.spinoffadvisors.com "Spin-Off's 101"

Das bisherige Managementteam übernimmt die Führung des neu entstandenen Unternehmens.

2.1.2. Spin-Offs und ihre Konsequenzen

Innerhalb von Spin-Offs sind zwei atypische Spin-Offs zu erwähnen: die ungewollte und die defensive Spin-Offs. Alle Formen von Spin-Offs fallen aber unter denselben gesetzlichen Vorschriften.

2.1.2.1. Ungewollte Spin-Offs

Dieser Typ von Spin-Off kommt vor, wenn das Unternehmen gegen das Kartellrecht oder "Antitrust law" verstößt. Es war der Fall bei AT&T , das bereits 1984 7 regionale Holdings von 22 operativen Unternehmen verteilen sollte. Der Spin-Off erlaubte, den AT&T Shareholder ihre Anteile zu bewahren, obwohl diese rechtlich gesehen in verschiedenen Einheiten verteilt worden sind. Für 10 Anteile des AT&T's bekam jeder Anteilseigner 1 Anteil in jeder der 7 neu gegründeten Gesellschaften. Dieser Anteilstransfer erzeugte einen hohen Verwaltungsaufwand bei AT&T. Diese Ausführungsform ist aber eine Extremform des ungewollten Spin-Offs. Dies hat auch Einfluss auf der Marktstruktur der Telekomindustrie in den USA gehabt. 1995 hat AT&T noch mal das Unternehmen in drei verschiedene Teile gesplittert.[68]
Der Verlust des Monopols durch Teilung in verschiedene unterschiedliche Unternehmen kann auch positiv sein: da die neu gegründeten Unternehmen

im Wettbewerb zueinander stehen, sind sie dynamischer und haben mehr Wachstumspotential. Nur die erfolgreichsten werden überleben.

2.1.2.2. Defensive Spin-Offs

Diese Spin-Offs werden angewendet, in dem sich das Unternehmen von einem oder mehreren Bereichen trennt, um eine feindliche Übernahme zu vermeiden. Das Ziel besteht darin, das Unternehmen unattraktiv für den potentiellen Käufer zu machen. Dadurch, dass der potentielle Käufer nur ein unvollständiges Unternehmen erwerben kann, wird dieses unattraktiv. Es ist eine sehr extreme Form der Verteidigung gegen Übernahmen, denn der potentielle Käufer oder sogar auch die Shareholder können das Unternehmen vor Gericht bringen. [69]

Ein andere defensive Spin-Off- Form wäre die Spaltung des Unternehmens, immer im Sinne eventuelle Übernahmen zu vermeiden.

2.1.2.3. Forschung- und Entwicklungs Spin-Offs:[70]

In dieser Art von Spin-Offs trennt sich ein Unternehmen von seine FuE Sparten. Die zu trennende Sparten sind in den meisten Fällen auf einen bestimmten Gebiet spezialisiert um eine Beschleunigung der FuE-Aktivitäten und eine zielgerichtete Kommerzialisierung zu erzielen.

---

[68] Vgl. Gaughan P.A., 1999, S. 409
[69] Vgl. Gaughan P.A., 1999, S. 410
[70] Vgl. Mergers&Acquisitions, 05/2004, "Corporate FuE-Spin-offs in der Chemie-, Pharma- und Biotech-Industrie"

FuE-Spin-Offs werden vorzugsweise in der Öffentlichen Forschung durchgeführt, um ein Bereich die Möglichkeiten des öffentlichen Marktzugangs zu geben.

FuE-Spin-Offs in Privatunternehmen (sogenannte "Corporate Spin-Offs") erhöhen die Schlagkraft der Entwicklungen. Die Fortführung der Aktivitäten erfolgt oftmals mit Partnern aus anderen Industrieunternehmen oder akademischen Einrichtungen wie Hochschulen, privaten oder staatlichen Forschungsinstituten.

FuE Spin-Offs sind zu 2/3 Desinvest-Strategien (Ausgliederung um überschüssige Kapazitäten abzubauen), aber in 1/3 der Fälle Invest-Strategien.

Typische Gründe für einen FuE-Spin-Off sind: der Abbau überschüssiger Kapazitäten, eine Reduktion oder Variabilisierung von Fixkosten, oder ein späterer Börsengang. Dazu können auch durch diese Mittel Risiken minimiert werden. Die Effizienz der internen Strukturen soll somit gesteigert werden und Kompetenzen zusammengebracht werden.

Auch bei FuE-Spin-Offs bekommt die neue Einheit eine eigene Identität.

Die Besonderheit solcher Spin-Offs besteht darin, dass die Forschung und Entwicklung ein Bereich ist, der langfristig Gewinne versprechen kann. Selbst die Ergebnisse der Forschungen können kommerzialisiert werden. Die Investitions Strategie unterscheidet sich somit von klassischen Unternehmen. Im Falle von Invest-Strategie werden nur interne Investoren zu Rate gezogen, in einer Desinvest-Strategie sind gemischte Investitionsformen vorhanden.

2.1.2.4. Konsequenzen von Spin-Offs

Der Hauptvorteil des Spin-Offs, besteht, zumindest in den USA, in der Steuerfreiheit des Vorgangs für die Aktionäre. In Deutschland ist auch gemäß §15 UmwStG ebenfalls die Spaltung von Kapitalgesellschaften steuerfrei.[71] Die Neuverteilung der Aktien wird weder als Gewinn noch als Verlust betrachtet. Diese Steuerfreiheit ist mit der Bedingung verknüpft, dass das Unternehmen aus strategischen Zwecken und nicht aus steuerlichen Gründen gehandelt hat. Zusätzlich müssen in den USA drei Voraussetzungen erfüllt werden: das Mutterunternehmen und der zu teilende Bereich sind seit mindestens 5 Jahren in Betrieb; und der zu teilende Bereich gehört dem Mutterunternehmen zu mindestens 80%; der zu teilende Bereich ist seit mindestens drei Jahren finanziell auditiert worden.

Da kein Gewinn für das verkaufende Unternehmen entsteht, sind auch keine Steuer hierüber abzuführen. Aus diesem Grund ist ein Spin-Off günstiger als ein Direktverkauf.[72]

2.1.3. Bewertung des Spin-Offs

Der Hauptnachteil der Spin-Offs besteht darin, dass nach dem Spin-Off die Anteilseigner einen Anteil an einem Unternehmen besitzen, den sie nicht unbedingt wollen[73]. Aus diesem Grund verkaufen die Anteilseigner oft diese neu erworbene Anteile unmittelbar nach der Durchführung des Spin-Offs. Ein Grund für diesen Wiederverkauf wäre z.B. die nicht Zugehörigkeit an einer

[71] Vgl. Herzig N. (Hrsg), 1997, S. 41
[72] Vgl. www.spinoffadvisors.com "Spin-off's 101" und Gaughan P.A., 1999, S. 410
[73] Vgl. www.spinoffadvisors.com "What are Spin-Offs?"

Industriebranche; es gibt nämlich Anleger, die sich auf einige Industriebranchen spezialisieren, und der Spin-Off kann das neu entstandene Unternehmen zu einem "Außenseiter" machen. Demzufolge verkaufen oft die Anteilseigner diese Aktien um jeden Preis, um sich von dieser ungewollten Branche abzulösen. Dies kommt umso häufiger vor, als das getrennte Unternehmen ein kleinerer Teil des Mutterunternehmens darstellt. Dadurch sollte der Aktienkurs des neu entstandenen Unternehmens sinken; mehrere akademische Studien haben bewiesen, dass der Aktienkurs im Gegenteil eher steigt!

In den achziger Jahre haben Untersuchungen bewiesen, (Copeland, Lembgrubers and Mayers), dass die Shareholder nach einen Spin-Off einen durchschnittlichen Gewinn von 5,2 % höher als erwartet erhalten haben; 1997 haben neuere Untersuchungen von J.P. Morgan[74] diese Bemerkung erneut bewiesen. Kleinere Spin-Offs (mit einer Marktkapitalisierung geringer als $200 Mio.) haben für die Shareholder viel mehr positive Effekte als größere. J.P. Morgan ist zu dem Ergebnis gekommen, dass die Shareholder mit dem Spin-Off eine Gewinnerhöhung von 20 % im Bezug zum Markt erzielt haben. McKinsey hat, in einer Studie von 300 Spin-Offs zwischen 1988 und 1998, sogar einen durchschnittlichen Anteilseignergewinn von 27% beobachtet.[75]

Wall Street Analysten kümmern sich in der Regel eher wenig um Spin-Offs, somit werden Spin-Off's tendenziell unterbewertet. Solange der Unternehmensbereich dem Mutterunternehmen gehört, ist das finanzielle Reporting ziemlich begrenzt und es fehlt an präzise Informationen über den Markt, in den sich der noch zum Unternehmen gebundene Bereich befindet. Deswegen wird der Unternehmensteil erst nach der Veräußerung richtig, und dementsprechend höher, bewertet.

[74] Vgl. Gaughan P. A., 1999, S. 414, Wiedergabe der Ergebnisse der Studien.
[75] Vgl. www.spinoffadvisors.com "Spin-Offs 101"

Der Spin-Off ist eine gute Lösung für Unternehmen, die ihre Daten in der Öffentlichkeit (an potentiellen Käufer zum Beispiel) nicht veräußern wollen[76]. Das bisherige Managementteam übernimmt die Führung des neu entstandenen Unternehmens. Im Gegensatz zu einen normalem Unternehmensverkauf kennen aber die Mitarbeiter und Führungskräfte bereits das Unternehmen, seine Stärken und Schwächen und seine Verbesserungspotentiale. Diese Form von Ablösung eines Unternehmensbereiches ist für eine Aktiengesellschaft eine attraktive Möglichkeit, seine strategischen Ziele zu erreichen. Es bringt dem Unternehmen aber kein Kapital, da die Aktionäre sich das Kapital des neu entstandenen Unternehmens aufteilen, aber gleichzeitig wird das Kapital des Mutterunternehmens umso geringer.

2.2. Equity Carve-Out

2.2.1. Definition

Equity Carve-Out ist eine Art der Desinvestition, die den Verkauf von Aktienanteile einer Filiale an Dritten darstellt. Equity Carve-Out wird als partielles Spin-Off anerkannt. Es ist der Fall wenn ein Unternehmen 20% oder weniger seiner eigenen Aktienanteile in einer Tochtergesellschaft für einen IPO (Initial Public Offering, auch Börsengang genannt) verkauft. Es könnte fast als einen Going Public der Filiale betrachtet werden.

In den meisten Fällen wird die Muttergesellschaft die restlichen Aktien zu einem späterem Zeitpunkt an existierende Aktionäre weiterverkaufen, wenn der Aktienkurs attraktiver geworden ist. Das Unternehmen verkauft einen Teil eines Unternehmensbereiches aber behält immer noch die Kontrolle auf

[76] Vgl. Gösche A., 1991, S. 138

diesem Bereich, in dem es noch einen bestimmten Prozentsatz des Aktienkapitals des Tochterunternehmens behält.

2.2.2. Merkmale des Equity Carve Out's

Dies stellt eine wenig bekannte Form der Desinvestition dar. Zwischen 1963 und 1983 gab in den USA nur 76 Equity Carve Out's.[77] Equity Carve-Out's sind jedoch Ende der 80er Jahre eine beliebte Finanzierungsform geworden, obwohl der Markt für den Börsengang unterentwickelt war. Equity-Carve-Out kann von einem Unternehmen getätigt werden, um den richtigen Wert eines Geschäftsbereiches zu ermitteln,[78] insbesondere, wenn dieser Unternehmensbereich eines Konzerns in der Öffentlichkeit weniger bekannt ist. Ein getrennter Aktienkurs erlaubt es, den Wert dieses bestimmten Bereiches zu folgen und besser zu kennen. 1998 bewies die von J.P. Morgan durchgeführte Studie[79], dass Equity Carve Out's zu einem positiven Effekt für das Unternehmen führten; und dies um so mehr, wenn die Transaktionen groß sind. Ungefähr 37% der Carve-Out's sind 3 Jahre später in ihrer ursprünglicher Form geblieben, ungefähr 15% wurden vom Mutterunternehmen zurückgefordert und 11% wurden einem Dritten (Spin-Off) verkauft. 1997 repräsentierten Equity Carve-Out's 23% vom IPO-Markt. Equity Carve-Out's lohnen sich nur, wenn der Erlös zur Senkung der Schulden dient: in diesem Fall steigt der Gewinn des Unternehmens durchschnittlich um 6,63%. Ist der Erlös zur Investition benutzt worden, so ist der Gewinnzuwachs nicht so deutlich. Der Börsengangserlös wird entweder

---

[77] Vgl. Copeland T., Koller T. und Murrin J., 1991, S. 274
[78] Vgl. www.spinoffadvisors.com. "What are Spin-Offs?"
[79] Vgl. Ergebnisse der Studie: Gaughan P.A., 1999, S 421 ff.

vom Mutterunternehmen oder auch von der Filiale einbehalten, je nachdem, welches Unternehmen die Anteile veräußert hat.

2.2.3. Vergleich mit dem öffentlichen Verkauf und dem Spin-Off

2.2.3.1. Vergleich mit den öffentlicher Verkauf[80]

Equity Carve-Out bringt neues Kapital in das Unternehmen. Das Einbringen von Kapital in das Unternehmen bildet einen der Hauptmotive dieser Transaktion, und somit könnte eigentlich auch ein einfacher Börsengang genügen. Aber dies kann nur erfolgen, wenn das Tochterunternehmen selbständig geworden ist. Ein Equity Carve-Out's erhöht die Anteilswerte: es werden detailliertere Anteile über das Mutterunternehmen und seiner Tochtergesellschaft der Öffentlichkeit zugänglich gemacht. Die Verselbständigung einer Tochtergesellschaft oder eines Teilbetriebs bzw. ihre Börsennotierung bringen mehr Veröffentlichungsinformation, und ihre Aktivitäten werden gesondert ausgewertet. Möglicherweise bringen Restrukturierungsmaßnahmen und ein neues Asset-Management auch positive Effekte mit sich. Die Verselbständigung der Filiale erlaubt es auch, dem Management klarere Ziele zu geben und die Arbeit dadurch möglicherweise effizienter zu gestalten. Diese Veränderungen geben ein besseres Image an die Öffentlichkeit. Das Kapital, das dem Mutterunternehmen zugeflossen ist, kann auch zur Modernisierung der Anlagen verwendet werden. Die Investoren hoffen, dass beide Unternehmen effizienter organisiert und verwaltet werden, als wenn sie zusammen gehörten.

2.2.3.2. Vergleich mit den Spin-Off[81]

Auch wenn Equity Carve-Outs als partielle Spin-Offs angesehen werden, gibt es erhebliche Unterschiede zwischen diesen beiden Restrukturierungsformen. Zwei wesentliche Unterschiede sind vorhanden: in einen Carve-Out werden neue Aktionäre ins Spiel gesetzt. In einem Carve-Out gibt es positive Cash-Flow Effekte. In einem Spin-Off demgegenüber sind solche Effekte nicht vorhanden. Ein Carve-Out ist aber, zumindest in den USA, eine teuere und gesetzlich umständliche Restrukturierungsform, was nicht für Spin-Offs der Fall ist. Michaely and Shaw haben eine Studie durchgeführt, die bewiesen hat, dass risikofreudige Unternehmen, sowie stark aus Fremdkapital finanzierte Unternehmen, sich eher für Spin-Offs als für Equity Carve-Out's entscheiden. Größere und wirtschaftlich stärkere Unternehmen bevorzugen eher Carve-Out. Das bedeutet, dass die Entscheidung zwischen den beiden Restrukturierungsformen sich auf Ebene des Kapitalmarktzugangs trifft. Profitable Unternehmen wählen den Börsenzugang aufgrund der positiven Effekte. Möglicherweise ist es eine Begründung für die geringere Anzahl der Equity Carve-Out's gegenüber Spin-Offs. Größere Spin-Offs sind erfolgreicher als kleinere, und deshalb sollte man sich bei kleineren Spin-Offs die Frage stellen, ob einen Equity Carve-Out nicht geeigneter wäre. Equity Carve-Outs könnten bei einer Diversifizierung in einem risikoreichem Sektor sinnvoll sein, weil das Mutterunternehmen nur einen kleinen Anteil an diesem neuen risikoreichen Bereich behält, und somit das Risiko eines Misserfolgs verringert.[82]

---

[80] Vgl. Gaughan P.A., 1999, S. 422-423
[81] Vgl. Gaughan P.A., 1999, S. 423
[82] Vgl. Gaughan P.A., 1999, S. 420

Bei einem Equity Carve-Out soll der Unternehmensbereich attraktiv genug sein, um potentielle Investoren zu interessieren. Ein IPO stellt ein aufwendigen Vorbereitungsprozess dar, was erklärt, weshalb diese Form von Abspaltung eines Unternehmensbereiches nur selten verwendet wird.

2.3. Split-Off und Split-Up

2.3.1. Definition

Ein Split-Off ist ein Austausch zwischen den Aktienanteilen eines Unternehmens und Anteilen einer seiner Tochtergesellschaften. Es handelt sich um einen Split (Trennung)[83] der Unternehmensaktien. Splitting ist ein wichtiges Instrument, um die Aktienkurse großer Unternehmen stabil zu halten. Es erhöht den Wert der Aktie.

Split-Offs sind feindlich, weil sie in Konkurrenz mit der ursprünglichen Muttergesellschaft eintreten, insbesondere, wenn der abgetrennte Bereich immer noch in derselben Branche wie das Mutterunternehmen tätig ist. Es handelt sich dabei um eine Eigenkapitalrestrukturierung, und ist zerstörerisch für das Unternehmenskapital. Bei einer kompletten Spaltung des Unternehmens, wie es zum Beispiel der Fall bei Hewlett-Packard und Agilent der Fall war, deutet es darauf hin, dass zwei Unternehmen besser als eines sein sollen.

In einen Split-Up ist das ganze Unternehmen durch eine Reihe von Spin-Offs geteilt. Das Endergebnis dieses Prozesses ist, dass das Ursprungs-

[83] Siehe unten Kapitel II,3,2 (Stock split)

unternehmen nicht mehr existiert: es bleiben nur die neu entstandenen Unternehmen übrig.[84]

Unternehmen, die unter einem langsamen Wachstum gelitten haben, konnten in den letzten Zeiten ihren Aktienwert steigern, in dem sie Split-Ups durchgeführt haben. Die meisten Unternehmen haben sich entschlossen, keine Kerngeschäftsaktivposten an andere Konzerne zu verkaufen, sondern die Kontrolle über Ihre erfolgreichen Bereiche zu behalten. Einige haben aber die Trennung von doch erfolgreichen Geschäften bevorzugt, da diese nicht genügend mit dem Interesse des Mutterunternehmens im Einklang waren, bzw. ungenügend anerkannt waren. Als Beispiel dafür sei Lucent Technologies zu nennen, das innerhalb AT&T unbekannt war.[85] AT&T war der Meinung, dass das Unternehmensbereich Lucent Technologies viel versprechend war, aber dass Investoren aufgrund seiner Zugehörigkeit zur AT&T es nicht merkten.

2.3.2. Stock Split

Bei einem Stock Split werden die Aktien eines Unternehmens in zwei oder mehreren Aktien geteilt. Die Anteilsverhältnisse ändern sich nicht, aber einige Anteilseigner verkaufen möglicherweise Ihre Anteile an dem einen oder dem anderen der dadurch entstandenen Unternehmen. Die Steigerung des Aktienkurses ergibt sich aus den Erwartungen der Investoren, die bei der Spaltung eines Unternehmens davon ausgehen, dass es dem Unternehmen gut geht und es sich auch so weiterentwickeln wird. Langfristig ist es aber

[84] Vgl. Gaughan P. A., 1999, S.398
[84] Vgl. www.news.com, "of splits and split-ups"

möglich, dass dieser Sichtpunkt sich nicht bestätigt, da jedes der getrennten Unternehmen dann mehr oder weniger erfolgreich sein kann.[86]

2.3.3. Tracking Stocks vom Unternehmen ablösen

Tracking stocks, oder Geschäftsbereichsaktien (auch "Alphabet Stocks", "Letter Stocks" oder "Targeted Stocks" genannt), werden von Unternehmen gegründet, um Leistungen und Wert einer oder mehrerer ihrer Filialen zu verfolgen (von "to track": verfolgen). Es ist eine "börsennotierte Gattung von Stammaktien, die - bei Gewährung der üblichen Aktionärsrechte an dem gesamten Gesellschaftsvermögen - die mit dem Eigentum an der Aktie verbundenen Vermögensrechte (insbesondere Gewinnbeteiligung, Liquidations-Erlös) auf einen Teilgeschäftsbereich oder eine Tochtergesellschaft des Emittenten beschränkt" [87]. Die Tracking Stocks gehören immer noch dem Mutterunternehmen. Es gibt keine rechtliche Teilung der Aktivposten oder der Verbindlichkeiten. Das Mutterunternehmen und die in Tracking Stocks unterteilte Unternehmensteile haben dasselbe Management Team und denselben Vorstand, auch wenn ihre Finanzen separat berichtet werden. Es wird eine separate Rechnungslegung für die selbständig gewordene Gesellschaft ausgestellt. Unternehmen gründen Tracking Stocks mit der Hoffnung, diese Werte können von dem Mutterunternehmen ausgelöst werden. Die Herausgabe von Tracking Stocks ist, zumindest in den USA, auf Gesellschaft- und Anteilseignerebene steuerfrei, wenn sie gemäß dem Bundessteuergesetz erfolgt (Internal Revenue Code). Ein anderer Vorteil

---

[86] Vgl. www.news.com, "of splits and split-ups"

[86] Perridon L., Steiner M., 1999, S. 370

dieser Alternative gegenüber Spin-Offs ist, dass die Verluste eines Geschäfts durch die Gewinne des anderen kompensiert werden können. Kreditfinanzierung ist für den "Tracker" (die Branche, die separat notiert wird) viel billiger, als wenn sie sich verselbständigte, denn der Kreditgeber betrachtet nicht nur den Tracker, sondern auch den Nutzen, den dieser aus dem Gesamtunternehmen ziehen kann, da er immer noch dem Unternehmen gehört. Die Gründung von Tracking Stocks kann dazu dienen, die verschiedenen Bereiche eines Unternehmens zu unterscheiden, und "Pure-Players", d.h. Unternehmen, die sich auf eine Branche konzentrieren, zu identifizieren. Das Hauptgeschäft wird, sowie bei Split-Offs auf dem Markt auch höher bewertet. Eine Studie von Mckinsey zeigt, einen durchschnittlichen Aktiengewinn von 19% bei der Gründung von Tracking Stocks. Investoren bewerten Unternehmen, die sich hinter Großkonzernen verstecken, oft falsch. Bei Tracking Stocks haben die Shareholder weniger Rechte als bei Aktien selbständiger Unternehmen, was auch oft Interessenkonflikte verursacht, denn jeder möchte, dass sein Bereich bevorzugt wird.[88] Bei Tracking Stocks ist oft das Ziel des Unternehmens, hochwertige Unternehmensbereiche, die in der Öffentlichkeit unbekannt sind, bekannt zu machen[89].

Auf den deutschen Aktienmarkt sind jedoch Tracking Stocks noch weitgehend unbekannt und in den USA gab es 1999 nur 10 Gesellschaften mit Tracking-Stock-Struktur[90]. Aus diesen Gründen ist diese Form von Unternehmensbereichsdifferenzierung eher ungewöhnlich.

---

[88] Vgl. www.spinoffadvisors.com "What are Spin-Offs?"
[89] Vgl. www.spinoffadvisors.com "Are Tracking Stocks a Route to Big Profits?"
[90] Vgl. Perridon L., Steiner M., 1999, S. 369 und 371

2.4. Management Buy-Out/Buy-in

2.4.1. Abgrenzung der Begriffe

Dieser Art von Unternehmensbereichsverkauf ist erst gegen Ende der 70er Jahre in den USA entstanden. Diese Tendenz setzte sich auch in Frankreich und in Großbritannien fort, entwickelte sich aber erst später in Deutschland. Beim Leveraged Buy-Out (LBO) "handelt es sich um den Kauf eines Unternehmens oder Unternehmensteiles, bei dem der Kaufpreis weitgehend aus dem zu übernehmenden Unternehmen selbst finanziert wird."[91] Um die Selbstfinanzierung zu gewähren, wird das nicht betriebsnotwendige Vermögen verkauft, flüssige Mittel aufgebaut und eine hohe Fremdfinanzierung gebraucht. In einem Management Buy-Out übernimmt zusätzlich das Management einen Teil der Kapitalanteile und führt das Unternehmen weiter. "[Der] Management Buy-Out (MBO) ist eine Form des Unternehmenserwerbs, bei der das bestehende Management allein oder zusammen mit einem Außenstehenden (zum Beispiel eine Beteiligungsgesellschaft) durch den Erwerb von Anteilen oder durch den Kauf des gesamten Unternehmens zum Eigentümer wird." [92] In einen Management Buy-In übernimmt ein außenstehendes Managementteam diese Führungsaufgaben.

In diesen Transaktionstypen ist die Hebelwirkung, das so genannte Leveraged-Effekt hoch, in dem relativ viel Fremdkapital für die Verselbständigung des Teilbetriebs notwendig ist. Es entsteht ein Verschuldungseffekt, bei dem die Rendite sich mit den Leveraged-Effekt

[91] Born K., 1995, S. 180
[92] Gösche A., 1991, S. 129

erhöht. Die Fremdmittel werden durch den Cash-Flow des Unternehmens abgesichert und zurückgezahlt. [93] Es ist eine risikoreiche Finanzierung. In diesem Fall wird nur der Ertragswert auf Basis der DCFM (Discounted Cash-Flow Methode) in Verbindung mit einem detaillierten Finanzierungsplan und nicht die Marktwertmethode angewendet. Der Hauptvorteil des Management Buy-Outs besteht darin, dass das Management, welches das Unternehmen übernimmt, das Unternehmen schon gut kennt. Es kann die Verbesserungspotentiale gut ausnützen. Es kennt die Marktchancen, die Kostensenkung- und Restrukturierungspotentiale, um eine Effizienz- und Produktivitätssteigerung zu erzielen. Kleinere Strukturen fordern schnelle Entscheidungswege, verursachen geringere Gemeinkosten und besitzen einsatzbereite Manager, die zum Beispiel Projekte besser als in einer Konzernstruktur entwickeln können, somit können Management Buy-Outs auch bei innovationsstarken[94] Unternehmen von Vorteil sein. Die Selbständigkeit des Unternehmens ist ein Anreiz für das Management Team erfolgreich zu sein, und dementsprechend zu handeln; es trägt die Verantwortung der langfristigen Gewinnerzielung, und damit der Wirtschaftlichkeit des Unternehmens. Ein Management Buy-Out hat als Zeitplan innerhalb von drei bis zehn Jahre, das Unternehmen neu zu strukturieren und zu verbessern, um letztendlich einen Börsengang durchzuführen oder das Unternehmen an einen strategischen Käufer zu verkaufen. Der Erfolg oder Misserfolg eines MBOs kann bereits nach den ersten eins bis zwei Jahren festgestellt werden. Durch hohe Motivation und finanziellen Anreiz des Managementteams, sind die Erfolgschancen eines MBOs besonders gut. Durch MBO kann dank eines steuerlich begünstigten Kapitalzugewinns Vermögen gebildet werden.

[93] Vgl. Seiler K., 2000, S. 105
[94] Vgl. Gösche A., 1991, S. 130

2.4.2. Welche Unternehmen und Unternehmensbereiche kommen für ein MBO in Frage?

MBOs können in den USA sowohl bei Publikumsgesellschaften als auch bei Privatgesellschaften durchgeführt werden. In Deutschland, gibt es allgemein relativ wenig MBOs und es ist für Deutsche Aktiengesellschaften fast unmöglich einen MBO durchzuführen: das Aktiengesetz gibt den Minderheitsaktionären viele Rechte. Banken und Aufsichtsräte, die diese Umstrukturierungen möglicherweise vermeiden wollen, haben bei Deutsche Aktiengesellschaften viel Macht. Im Gegensatz zu den USA und Großbritannien sind in Deutschland weniger Unternehmen Shareholder-Value orientiert.[95] Es gibt in Deutschland viel mehr KMU's, die nicht immer in Form einer AG gebildet sind, als es in den USA der Fall ist.

Unternehmen, die "sichere" Aktivitätsbereiche betreiben, sind besser für MBO's geeignet als Unternehmen - wie Internet Start-Ups - die ein hohes Risiko tragen und deren Marktattraktivität schwierig zu bemessen ist. Die Produkte sollten für den Markt angemessen sein; der Wettbewerb soll überschaubar sein. Die Unternehmensbereiche sollen so gut wie möglich schon vor dem MBO eine gewisse Selbständigkeit haben, damit die Umstellung nicht unnötigerweise kompliziert wird und die Manager ein klares Bild von der Zukunft in der Selbständigkeit haben können.

2.4.3. Voraussetzungen für ein erfolgreiches MBO

Bevor man überhaupt ein MBO durchführt, sollten die Strategie und die Unternehmensziele klar definiert werden.

Das Management muss kompetent und verlässig sein. Es muss fähig sein, das Unternehmen zu führen. Bei einem Management Buy-Out ist man auf die im Unternehmen schon bestehenden Fähigkeiten angewiesen. Bei KMU's tritt oft der Fall auf, dass der ehemalige Geschäftsinhaber sich in der ausgeschiedenen Branche einsetzt und sein Know-how weitervermittelt. Das Management muss auch glaubwürdig und qualifiziert sein, damit er auch bei der Fremdkapitalsuche entweder bei Banken oder Beteiligungsgesellschaften sein Projekt "verkaufen" kann. Es muss auch einen gewissen Anteil an Eigenkapital einbringen können, ohne sein Privatvermögen in Gefahr zu bringen. Das Management soll gleichzeitig fähig sein, die täglichen Geschäfte effizient abzuwickeln sowie strategische Überlegungen zu planen.[96]

Eine feste Ertragslage und ein gutes Cash-Flow sollen vorhanden sein, denn nur wenn die Erwartungen gut sind, werden Investoren in das Unternehmen Geld einsetzen. Das Unternehmen sollte mittel bis langfristig in der Lage sein, ein Teil des Kaufkapitals zurückzuzahlen, das Unternehmen weiter zu verkaufen oder an der Börse einzuführen.[97] Die Investitionen, die für das Unternehmen notwendig sind, müssen klar definiert werden, unter der Berücksichtigung, dass möglicherweise neue Ressourcen, die bei dem Mutterunternehmen vorhanden waren, nicht mehr zu Verfügung stehen (Informatik-Systeme, Anlagen, neue Maschinen...) bzw. durch Verträge mit dem Mutterunternehmen abgesichert werden sollen. (Benutzung von Anlagen oder Vermietung). Die Aktivseite sollte in jedem Fall so gut wie möglich ausgerüstet sein, wobei ein umfangreiches Vermögen (Anlagen und Lagerbestände z.B.) den Kaufpreis erheblich erhöhen kann. Um diese Kosten zu senken, oder in Ertrag zu wandeln, kann man ein so genanntes "Sale-and-

---

[97] Vgl. Gösche A., 1991, S. 131

lease-back" Geschäft abwickeln, in dem man das Vermögen verkauft und weiter least, um das Vermögen weiter benutzen zu können. (steuerliche Vorteile sind bei solchen Geschäften auch zu berücksichtigen).
In Deutschland gab es bis jetzt nur wenige Management oder Leveraged Buy-Outs. Jedoch gab von Henkel anfangs November 2001 bekannt, er würde seine Chemische Industrie-Sparte für ein Wert von €2,5bn verkaufen. Es ist der größte Leveraged Buy-Out der in Deutschland jemals durchgeführt worden ist. Diese Bekanntmachung führte auch dazu, dass der Aktienkurs von Henkel kurzfristig gestiegen ist.[98]

2.5. Andere Desinvestitionsmöglichkeiten

2.5.1. Freiwillige Liquidation oder Crash

Die Liquidation wird als "Beendigung der Erwerbstätigkeit eines Unternehmens und Verkauf des Vermögens"[99] definiert.
Die zwangsweise Liquidation findet im Rahmen des Insolvenzverfahrens statt. Die Möglichkeit, das Unternehmen in einem Insolvenzverfahren zu bringen, kann theoretisch nur auf Ebene eines ganzen Unternehmens stattfinden, aber auch für einen Geschäftsbereich, wenn es finanziell unabhängig ist und separat bilanziert wird. Ein Unternehmen wird nur in Ausnahmefälle eine solche Lösung bevorzugen, es heißt nämlich, dass der Unternehmensbereich sowieso auch wenn selbständig oder einem anderen Unternehmen gehörend nicht überlebensfähig oder rentabel gewesen wäre. In Deutschland wird das Insolvenzverfahren bei Zahlungsunfähigkeit

[98] Vgl. FT, 12/11/01, "Henkel set to announce €2,5bn sell-off"
[99] Schneck O., 2000, S. 610

ausgelöst. Wenn der Schuldner zahlungsunfähig ist, ist er verpflichtet Insolvenzverfahren zur beantragen. Mit den neuen Gesetz KonTraG (Gesetz zur Kontrolle und Transparenz im Unternehmensbereich), sollen bereits bei "drohender Zahlungsunfähigkeit" Insolvenzgründe vorliegen. Genauso soll bei juristischen Personen die Überschuldung ein Insolvenzgrund sein. Diese Merkmale sind jedoch nur bei einer ungewollten Desinvestition gültig, was bedeutet, dass das Unternehmen in keinem Fall ein gutes Ergebnis aus dieser Liquidationsform erzielen kann. Die Vermögensteile werden zur Abgleichung der Schulden dienen und das Unternehmen wird außer einem im Konkurs geratenen Bereich auch ein schlechtes Image haben. Es handelt sich hiermit eher um einen Sanierungsversuch. Wenn es in Konkurs geht, wird das Unternehmen weniger Wert, und verliert sein Markenimage. Der Liquidationswert des Unternehmens ist der Marktwert der Aktivposten. (Wertminderungseffekt).

In einer freiwilligen Liquidation, die eine der extremsten Formen der Unternehmensrestrukturierung ist, wird das Unternehmen sein Vermögen verkaufen, um sich liquide Mitteln zu beschaffen. Das restliche Kapital wird nach Tilgung der vorhandenen Schulden beim Inhaber verbleiben und unter die Gesellschafter verteilt. Es ist eine freiwillige Auflösung, die es erlaubt, das Unternehmen oder den Unternehmensbereich zu schließen. Dies ist unter anderem der Fall, wenn der Marktwert der Aktivposten wesentlich höher ist, als der Wert der Aktien des Unternehmens. (ohne jedoch kurzfristige Schwankungen des Lagerbestands zu berücksichtigen) Der Unterschied zwischen eine Liquidation und einer Desinvestition besteht darin, dass in einer Liquidation die verschiedenen Aktivposten des ganzen Unternehmens in Teilen verkauft werden, und dass bei einer Desinvestition nur ein Teil des

Unternehmens in einer einmaligen Transaktion verkauft wird. Bei der Auflösungsvorhersage [100] können Aktionäre auch einen durchschnittlichen Gewinn von ca. 20% per Aktie erzielen [101] , außer in Fälle in denen das Unternehmen unter sehr starken Schwierigkeiten leidet. Die Mitarbeiter des Unternehmensbereiches werden dann in andere Bereiche versetzt.

2.5.2. Zwangsweise Desinvestition

2.5.2.1. "natürliche" Auflösung

Das ist lediglich der Fall bei Ereignissen wie Brand oder Katastrophe. In diesem Fall hat das Unternehmen keine andere Lösung als diesen Unternehmensteil, wenn er komplett betroffen ist, im Handelsregister zu löschen, damit das Vermögen realisiert werden kann. Meist sind auch die Daten des Unternehmens bereits verschwunden. In diesem Fall kann man davon ausgehen, dass das Unternehmen sein Vermögen versichert hat und mit der Entschädigung ein neues Unternehmen gründen wird. Das neu entstandene Unternehmen muss nicht unbedingt denselben Geschäftsbereich wie vor dem Ereignis ausbauen. Wenn das Unternehmen nicht oder ungenügend versichert ist, ist das purer Verlust und es ist wahrscheinlich, dass die verloren gegangene Geschäftsteile nicht ersetzt werden, insbesondere, wenn sich das Unternehmen in einer schwierigen Lage befand oder sich von dem Geschäftsbereich trennen wollte.

[100] Vgl. Gaughan P.A., 1999, S. 424

[101] Vgl. Gaughan P.A., 1999, S. 424 Ergebnisse von Studien betreffend "Shareholder Wealth Effects of Voluntary Bustups"

2.5.2.2. Zwangsweise

Eine zwangsweise Auflösung liegt vor, wenn eine Verstaatlichung oder eine Nationalisierung erforderlich ist. Dies passiert relativ selten, besonders in einer freien Marktwirtschaft. In europäischen Ländern gibt es eher die Tendenz zur Privatisierung ehemaliger öffentlicher Unternehmen. Einige staatliche Unternehmen der Telekom- oder Energiebranche wurden durch die Privatisierung restrukturiert. Es werden wahrscheinlich ehemalige öffentliche Unternehmen, die jetzt privatisiert worden sind, sich von einigen Geschäftsbereichen trennen müssen, um die Monopolposition nicht mehr zu behalten und die Konkurrenz nicht zu verhindern.

Nicht freiwillige Auflösungen würden zum Beispiel auch dann vorkommen, wenn ein Unternehmen in einer Monopolposition kommt und gegen die gültigen Gesetze verstößt. Es kann zum Beispiel beim Zusammenschluss von Unternehmen, die in derselben Branche arbeiten und zu zweit den ganzen Markt abdecken, vorkommen. Ein gerichtliches Verfahren kann möglicherweise die Ursache einer solchen Desinvestition sein.

Bayer, sollte sich von einigen seiner Geschäftsbereiche trennen, um die Genehmigung der Transaktion (Kauf von Aventis Crop Science durch Bayer) durch die europäischen Behörden zu bekommen. Die Haushalts-insektizidesparte wurde von Bayer verkauft, weil Bayer durch den Zukauf sonst eine dominante Position auf dem Markt haben würde und dies aus Kartellrechtlichen Gründen nicht erlaubt ist.[102]

[102] F.A.Z. 10/07/01 "Aventis Crop Sciende wird wohl an Bayer verkauft"

III. Ablauf des Verkaufs eines Unternehmensbereiches

In diesem Kapitel werden wir den Unternehmensverkauf an einen neuen Inhaber als ganzes (nicht nur Aktien) betrachten. Das Unternehmen verkauft in diesen Fällen einen Unternehmensteil an einem Dritten. Es handelt sich um eine Desinvestition im engen Sinne (Sale Divestiture) auch "Sell-Off" genannt. Die "Assets" gehören nach der Transaktion einem anderen Eigentümer.

3.1. Was ist bei einem Unternehmensbereichverkauf zu beachten

3.1.1. Unternehmensdarstellung

3.1.1.1. Vorstellung des Unternehmens an den Käufer[103]

Die Unternehmensdarstellung wird auch Exposé, Verkaufsmemorandum oder Informationsmemorandum genannt. Sie dient dazu das Unternehmen so vollständig und positiv wie möglich an potentiellen Käufer zu erläutern und vorzustellen.
Allgemein müssen die Kennzahlen des Unternehmens vorgestellt und eventuell erläutert werden. Die wesentlichen Merkmale des Unternehmensbereiches werden erläutert. Wie bei jedem Verkauf, bestehen auch beim Unternehmensverkauf Aufklärungspflichten, die auch teilweise in der Due Diligence angesprochen werden.[104]

---

[103] Vgl. Seiler K., 2000, S. 92
[104] Vgl. Moosmayer O., 2000, S. 31-32 und S. 106ff

In einer ersten Phase wird die Geschichte des Unternehmens von der Entstehung bis zum Verkauf, bzw. Ablösungsentscheidung vorgelegt. Die betriebliche Organisation des Unternehmens, sowie Umsatz und Personalentwicklung werden auch erwähnt. Die Produkte bzw. Dienstleistungen, wie auch Produktionsstätte oder Forschung und Entwicklungszentren sollten erläutert werden. Die Anlagen des Unternehmens sowie Gebäude, Maschinen usw., die für den Unternehmenbereich wichtig sind, sollten auch im Vortrag vorgestellt werden.

Nicht zu vergessen sind die Anzahl der Mitarbeiter, die in diesem Bereich beschäftigt sind, sowie die Anzahl der Mitarbeiter, die indirekt für den Unternehmensbereich arbeiten. (Dies ist besonders wichtig für zentrale Einrichtungen wie Controlling oder Personalwesen).

Wichtige Lieferanten und Kunden sollten erwähnt werden, damit der Käufer sich ein Bild von der Beschaffung und Kundenstruktur machen kann. Man soll wissen, wie aufwendig die Produktion ist. Unter Umständen wird möglicherweise der interessierte Käufer beim Produktionscontrolling präzisere Fragen zum Deckungsbeitrag oder Gewinnspanne stellen.

Interessant für den Käufer können auch eine kurze Erläuterung über dem Markt und dem Entwicklungspotential des Unternehmensbereiches sowie die Rolle des Unternehmensbereichs im bisherigen Unternehmen sein.

Natürlich sollte auf keinem Fall die Vorstellung der Finanz- und Ertragslage vergessen werden. Diese Vorstellung ist auch zur Ermittlung des Kaufpreises sehr wichtig. Es werden Gewinn- und Verlustrechnungen sowie Bilanzen der letzten Jahre offenbart, damit der Käufer die Entwicklung des Unternehmensbereiches beobachten und bewerten kann. Die Finanzierung des Unternehmens und die verschiedene Gewinnabsichten sind ebenfalls wichtig. Die Erwartungen für die nächsten Jahre auf finanzieller Ebene werden auch schon berechnet. Zukunftspläne werden gemacht. Ein wichtiger Punkt ist, dass auf keinem Fall der Eindruck beim Käufer erweckt wird, dass der Verkauf dringend sei. Auf jedem Fall soll man den Eindruck hinterlassen, dass das zu verkaufende Unternehmen noch warten kann. Dementsprechend sollte man auch schlechte Eindrücke (z.B. bei der Besichtigung der Gebäuden und Werkstätten) vermeiden, in dem man saubere und als sicher empfundene Gebäude und Maschinen hat. Umso neuer die Gegenstände wirken, auch wenn sie nur ein bestimmtes Buchwert haben, umso teurer wird das Unternehmen verkauft werden können.[105]

3.1.1.2. Suche und Auswahl von Käufern[106]

Die Suche und die Auswahl von Käufern liegen vor, wenn das Unternehmen selbständig entscheidet, ob es einen Unternehmensbereich verkaufen will, und der Unternehmensbereich nicht Ziel einer feindlichen Übernahme ist.

Zu diesem Zweck können verschiedene Mittel eingesetzt werden. Persönliche und Wirtschaftsbeziehungen können benutzt werden, was den Kauf des Unternehmens wesentlich vereinfacht, weil es möglicherweise "Freundschaftsverträge" geben wird. Firmendatenbanken können auch unter Umständen und im Rahmen des Datenschutzgesetzes benutzt werden. Durch die Presse (Fach- und Wirtschaftspresse) können auch potentielle Käufer angesprochen werden. Branchenveröffentlichungen und aber auch Firmenbroschüre können dazu benutzt werden. Dies setzt jedoch voraus, dass der Käufer auf der Suche nach einem geeigneten Unternehmen ist, und dass der Veräußerer bekannt genug ist, damit sich potentielle Käufer dafür

[105] Vgl. Bruppacher P.R. «Mergers and Acquisitions» bei Siegwart u.v.a. (Hrsg.), 1990, S. 280
[105] Vgl. Gösche A., 1991, S. 131-134 und Seiler K., 2000, S. 99-129

interessieren. Es besteht auch die Möglichkeit, externe Vermittler so wie Mergers & Acquisitions - Berater oder Investment Banker einzusetzen.
Bei bestimmten Unternehmensverkaufsformen braucht man sich die Frage des Käufers nicht zu stellen, wie zum Beispiel bei Verteilung von Aktienanteilen an das Publikum oder bei einem Management Buy-Out, wo ein in dem Unternehmen schon bestehendes Team das Unternehmensbereich kauft.
Die Imagepflege ist beim Verkauf aber auch bei der Einstellung von Mitarbeitern besonders wichtig. Es ist nicht auszuschließen, dass sich so genannte Mittelstandholdings für den zu verkaufenden Unternehmensbereich interessieren. Sie wollen in der Regel ihre Wettbewerbsposition stärken und größer werden, damit sie mehr Verhandlungsspielraum besitzen (gegenüber Lieferanten, Kunden, Banken...) aber auch ihren Bekanntheitsgrad dadurch erhöhen.
Für die Rentabilität des Verkaufs muss selbstverständlich der Käufer zahlungsfähig sein. Die Wahl des Käufers ist insofern wichtig, weil der Verkäufe oft veröffentlicht werden. Vor den Verhandlungen und der Unternehmenspräsentation sollte schon eine Vorauswahl von potentiellen Käufern getroffen werden; es können sich nämlich bestimmte Unternehmen als potentielle Käufer vorstellen, eigentlich nur um durch einen indirekten Weg Informationen über den Konkurrenten zu holen. Sich um unseriöse Käufer zu kümmern, wäre ein Zeit- und Geldverlust für das verkaufende Unternehmen. Der verkaufte Unternehmensbereich soll vor dem Verkauf gute Ergebnisse bringen, damit er nach dem Verkauf weiterhin funktionsfähig bleibt. Ist dies nicht der Fall wird der Unternehmensbereich als "ex-" Teil eines Unternehmens betrachtet und es wird möglicherweise wird daraus angenommen, dass das Mutterunternehmen einen schlechten Betrieb

verkauft hat. Aus diesen vorliegenden Gründen sollten die Käufer richtig ausgewählt werden.

3.1.2. Verhandlungen mit den Käufern

3.1.2.1 Allgemeine Punkte, die abgeklärt werden sollen

Ein Unternehmensverkauf wird nicht in einer Stunde oder einem Tag durchgeführt. Es gibt nicht nur vertragliche Bedingungen zu klären, aber man muss auch besondere Vorschriften oder Verhalten einhalten. Sie betreffen die schwierige Frage der Informationsvermittlung. Es sind gegensätzliche Ansichtpunkte. Von der einer Seite möchte der Käufer so viele Informationen wie möglich über das Erwerbsziel erhalten. Von der anderen Seite will das verkaufende Unternehmen so wenig wie möglich Informationen bekannt geben, die von Wettbewerbern oder Geschäftspartnern gegen ihn verwendet werden können. Deswegen wird das verkaufende Unternehmen versuchen viele Informationen geheim zu halten oder zumindest nicht zu veröffentlichen.

Die Verkaufsform:
Wie bereits im letzten Kapitel erwähnt, gibt es verschiedene Möglichkeiten, sich von einem Unternehmensbereich zu trennen, und man kann, bei einem Verkauf (nicht Verselbständigung), verschiedene Gestaltungsformen zur Transaktion finden. Es ist möglich, zum einen, einzelne Verhandlungen mit sorgfältig ausgewählten Käufern durchzuführen, und damit zielstrebig zu bleiben, und so wenige Informationen wie möglich zu veröffentlichen. Der Nachteil besteht jedoch darin, dass die Auswahl an potentiellen Käufern

dadurch relativ gering bleibt und deswegen eventuell der optimale Käufer nicht gefunden werden kann.
Eine andere Verkaufsform wäre die offene Auktion. Der Vorteil eines solchen Verkaufs ist, dass es jedem bekannt ist, dass das Unternehmen einen seiner Geschäftsbereiche verkaufen will. Damit werden viele potentiellen Käufer angesprochen. Dies ermöglicht, wenn der Unternehmensbereich interessante Aussichten für viele Käufer hat, den Unternehmensbereich zu einem höheren Preis zu verkaufen. Dabei wirkt sich aber nachteilig aus, dass viele Informationen über den Unternehmensbereich bekannt gegeben werden und von Konkurrenten wahrgenommen werden können (finanzielle und strategische Informationen sowie Daten über die Wettbewerbsposition interessieren besonders die Wettbewerber). Möglicherweise werden auch Kunden, Lieferanten oder Mitarbeiter bei der Bekanntmachung dieses Verkaufs verunsichert und reagieren dementsprechend geschäftschädlich.
Die kontrollierte Auktion erfolgt auf ähnlicher Weise, bietet aber den Vorteil an, potentielle Käufer auf Basis eines anonymisierten Unternehmensverkäuferprofils anzusprechen: Die Interessenten werden dann ausgewählt und die Informationsflucht nach Außen wird vermindert. Je geringer die Anzahl der ausgewählten Käufer wird, umso mehr Informationen können verteilt werden, damit diese Käufer ihre Entscheidung treffen können.

Letztlich soll die Transaktionsstruktur bestimmt werden. Es besteht einfach darin, auszuwählen, ob man die Vermögensgegenstände (Asset Deal) oder eher Anteile an das Unternehmen (Share Deal)[107] verkaufen will.

---

[107] siehe dazu u.a. «Restrukturierung, Sanierung und Insolvenz», Buth A.K.. (Hrsg.), 1998, S. 347

Die Absichtserklärung:

Die Absichtserklärung ist im angloamerikanischen Recht zuerst erschienen. Es wird als "Letter of Intent" bezeichnet. Diese Absichtserklärung dient dazu, die Verkaufs und Kaufsparteien moralisch zu binden, indem jeder seinen Willen erklärt. Diese Absichtserklärung hat aber keinen juristischen Bestand und kann theoretisch jederzeit abgebrochen werden. Es dient nur dazu, eine Art Verpflichtung zu schreiben, damit keiner anfängt, mit anderen Kauf- oder Verkaufsinteressenten Verhandlungen zu führen. Es ist kein Vorvertrag, in dem der Abbruch der Transaktion ein Vertragsbruch sein würde. Der Abbruch der Transaktion stellt eher einen Vertrauensbruch dar.

Option und Vorvertrag:

Die Option und Vorvertrag sind verbindlicher als Absichtserklärungen. In einen Optionsvertrag hat der potentielle Käufer Vorrang auf andere Interessenten, die keine Option zugeschrieben haben; er muss aber dafür eine Prämie zahlen, um diesen Kaufrecht ausüben zu können. Wenn er sein Kaufrecht nicht ausübt, hat er seine Prämie "verloren". Dieser Mittel ist speziell für Gesellschaftsanteile von Interesse, weil sich dafür mehr Interessenten als bei normalen Unternehmenskäufen vorstellen. Die Option ist auch zwingend, weil sie eine rechtliche Bindung darstellt.

Ein Vorvertrag demgegenüber liegt vor, wenn sich die Parteien über alle Vertragspunkte besonders aus der Sicht von Hauptleistungen geeinigt haben und ihren Willen zum Ausdruck bringen. Wenn der Vorvertrag nicht eingehalten wird, kann eine Vertragsstrafe entstehen. Vorverträge sind in der Praxis selten, weil sie rechtlich bindend sind und einen zu großen zusätzlichen Aufwand bei der Erstellung verursachen.

Due Diligence:

Die Due Diligence ist ein aus den dem USA stammender Begriff, bei dem "es sich um die detaillierte Prüfung des Zielunternehmens bei einer Übernahme [handelt]"[108]. Due Diligence bedeutet wörtlich übersetzt "erforderliche Sorgfalt". Dies findet man oft nach der Erstellung einer Letter of Intent. Diese Due Diligence wird meist durch einen Dritten gemacht, d.h. durch einen Gutachter, der ein Mergers & Acquisitions Berater sein kann, eine Investment Banking Gesellschaft oder ein Wirtschaftsprüfer oder jede andere Art von Unternehmensberatern aber auch durch Mitarbeiter der Mergers & Acquisitions Abteilung des kaufenden Unternehmens, des Beteiligungscontrollings oder der Finanzabteilung. Es gibt verschiedene Typen von Due Diligence, unter denen man die Financial Due Diligence, die Commercial Due Diligence, die Legal Due Diligence, die Tax Due Diligence und die Environmental und Cultural Due Diligence unterscheiden kann.[109] Das Due Diligence Verfahren ist sehr wichtig und sehr umfangreich und ermöglicht, alle Merkmale des Unternehmens und seines Umfeldes zu analysieren. Es entsteht für den Käufer ein möglichst genaues Bild vom Unternehmen und seiner Entwicklungspotentiale in der Zukunft.

3.1.2.2. Spezialisierte Kapitalanleger

Bestimmte Kapitalanleger werden in einen selbständig gewordenen Unternehmensbereich investieren wollen. Es gibt zwei große Kapitalanlegergruppen, unter denen man die Venture Kapitalisten und die Kapitalbeteiligungsgesellschaften finden kann. In diesem Fall wird der

[108] Seiler K., 2000, S. 137

[109] siehe dazu Seiler K., 2000, S. 137-150 und Born K., 1995, S. 85-88 zur Beschreibung der einzelnen Due Diligence Formen

Unternehmensbereich nicht an einem anderen Unternehmen verkauft, sondern an Investoren.

3.1.2.2.1. Venture Capital[110]

Die Venture Capitalisten, die sowohl Beratungsunternehmen als auch institutionelle Anleger sein können, interessieren sich eher für Unternehmensbereiche, die jungen innovativen KMU's (kleine und mittelständige Unternehmen) ähneln. Die Unternehmensbereiche, die besonders Venture Capitalisten interessieren, sind High Tech Branchen sowie Internet oder die Biotechnologie, wobei zurzeit Internetunternehmen eher als risikoreich empfunden werden. Venture Capitalisten finanzieren nicht nur das Unternehmen, geben aber auch Management Hinweise; sie wollen in Gegenleistung zu ihrer Kapitaleineinbringung ein Recht zur Beeinflussung der Management-Entscheidungen. Sie hoffen, dass ihre Beteiligungen im Wert steigen werden, und dass sie ihre Kapitalbeteiligung bei einer erfolgreichen Börseneinführung und -notierung wieder bekommen werden. Die Beteiligungen von Venture Capitalisten sind Minderheitsbeteiligungen für einen Zeitraum von drei bis acht Jahren. Venture Capitalisten sind am besten in der Markteintritts oder Wachstumsphase anzusprechen. Das heißt, wenn man einen Unternehmensbereich vom Unternehmen trennen will, und ihn durch diese Mittel finanzieren will, sollte man warten, bis der Geschäftsbereich sich schon um die Einführung des Produkts kümmert.

Diese Kapitalanleger werden nur dann investieren, wenn sie versichert sein können, dass das Unternehmen gute Wettbewerbsvorteile hat und überdurchschnittliche Umsatzzuwächse in der Zukunft erwarten kann. Das

[110] Vgl. Gösche A., 1991, S. 142

Management Team muss gute Führungspotentiale und Verhandlungskraft haben, damit die Kapitalanleger ihm vertrauen können. Die Venture Capital Gesellschaft will auch wie bereits erwähnt als Partner betrachtet und akzeptiert werden.
Um sich bei einem Venture Capitalisten vorstellen zu können, muss man einen Business Plan vorlegen, in dem man die Ziele des Unternehmens sowie die verschiedenen Merkmale des Unternehmens und des Umfelds nennen soll. Eine SWOT Analyse kann auch durchgeführt werden (Strengths, Weaknesses, Opportunities-Treats)

3.1.2.2.2. Kapitalbeteiligungsgesellschaften

Kapitalbeteiligungsgesellschaften sind hauptsächlich Banken- und Versicherungstöchter, die das "bankgeschäftliche Leistungsprogramm ihrer Mutterunternehmen ergänzen."[111] Ihr Geschäftszweck besteht darin, sich an KMU's zu beteiligen.[112] Sie bieten ein zusätzliches Wachstumskapital an Unternehmen. Im Gegensatz zu Venture Capital Gesellschaften beteiligen sie sich nicht an innovative Unternehmen sondern eher an langfristig existierende Unternehmen, die im traditionellen Bereich tätig sind. Sie stellen Kapital bereit, nur um von Dividenden profitieren zu können. Die Mindestbeteiligungen sind höher als bei einem Venture Capital und werden für eine Dauer von acht bis zehn Jahren eingesetzt. Die Kapitalbeteiligungsgesellschaften haben beim Einsatz von finanziellen Mitteln nur ein Recht beim Beirat oder Aufsichtsrat zu sitzen und geben keine Management Hinweise, sie haben keine Beteiligung an der Geschäftsleitung.

---

[111] Gösche A., 1991, S. 144
[111] Vgl. Schneck O., 2000, S. 495

Sie bekommen als Gegenleistung für die langfristige Partnerschaft einen Anteil an Ausschüttungen, ein Kapitalentsprechendes Stimmrecht, ein Informationsrecht und eventuell eine Vertretung in Beiräten.[113] Im Beteiligungsverfahren werden sowohl eine Situationsanalyse als auch eine Motivationsanalyse und meist auch einen Audit stattfinden; der Kapitalgeber wird sich das Unternehmen gründlich analysieren lassen, bevor er eine Entscheidung trifft. Die Hereinnahme von Beteiligungsgesellschaften in das Kapital ist jedoch nicht ein Unternehmensverkauf im wahrsten Sinne, wenn man sie nur als externe Eigenkapitalbeschaffung für einen Unternehmensbereich betrachtet.

3.1.3. Überlegungen zu den Problem der Austrittsbarrieren

Beim Verkauf eines Unternehmensbereiches kann es verschiedene Hindernisse geben, die die Desinvestition unmöglich machen können. Abgesehen von gesetzlichen Vorschriften, die als Austrittsbarrieren wirken könnten, weil sie strengstens eingehalten werden sollen, darf man nicht vergessen, dass der Käufer und der Verkäufer nicht alles bestimmen, dass nämlich auch Stakeholder einen Einfluss auf den Unternehmensverkauf haben.

Bei dem Verkauf eines Unternehmungsbereiches, besonders wenn es sich um eine Aktiengesellschaft handelt, haben die Aktionäre auch ein Stimmrecht. Dieses ist sogar in Deutschland so stark von Banken abhängig, dass es noch relativ wenige solche Verkäufe gab.[114] Dies ist eine der größten

---

[113] Vgl. Gösche A. , 1991, S. 147
[114] siehe oben Kapitel I, 1, 3

Hindernisse zu einer solchen Transaktion. Aktionäre können auch drohen, sich von ihren Aktien sofort nach dem Unternehmensverkauf zu trennen. Stakeholder können auch indirekt den Unternehmensverkauf verhindern, indem sie ungünstige Konditionen an den getrennten Unternehmensbereichen anbieten würden. Es ist vorstellbar, dass Kunden oder Lieferanten andere Bedingungen mit dem getrennten Unternehmensbereich vereinbaren werden, als die günstigeren Bedingungen, die mit dem Hauptunternehmen vereinbart worden waren. Mitarbeiter können auch Gründe haben, diesen Unternehmensverkauf zu verhindern. Die Mitarbeiter können sich weigern, in ein neues Unternehmen zu wechseln, weil sie zum Beispiel dieses Unternehmen als nicht ethisch betrachten, oder sich ihrer Firmenkultur nicht anpassen wollen oder ganz einfach, weil sie Angst haben, ihren Arbeitsplatz zu verlieren[115]. Wenn die Mitarbeiter diesen Verkauf nicht zustimmen, können sie zum Beispiel mit Hilfe von Gewerkschaften zu Streik aufrufen, was in Ländern wie Frankreich nicht selten der Fall ist. Der Unternehmensbereich kann in der Öffentlichkeit und für den potentiellen Käufer möglicherweise als unattraktiv erscheinen, weil es heißt, dass die Mitarbeiter sich nicht mehr so stark für das verkaufte Unternehmen wie für das verkaufende Unternehmen einsetzen werden.[116] Das Management kann auch ein Problem darstellen, da eine Desinvestitionsentscheidung als ein Misserfolg betrachtet wird. Teilweise haben die Manager des Unternehmensbereichs, das verkauft wird, selbst akquiriert und fühlen sich deshalb "betrogen".

[115] Vgl. Graml N., 1996, S.249-255
[116] siehe auch dazu Graml N., 1996, S. 251

3.2. Unternehmensbewertung

Meist sind der Kauf und Verkauf von Unternehmen, Unternehmensteilen oder Beteiligungen ein Anlass für eine Unternehmensbewertung. Es werden sehr viele Unternehmensbewertungsverfahren benutzt. Wenn die Unternehmensbewertung täglich stattfindet, ist es eine Börsennotierung. (bei Aktiengesellschaften) Es ist die so genannte Börsenkapitalisierung. Wir wollen uns in diesem Kapitel näher mit der Unternehmensbewertung von nicht börsennotierten Unternehmen befassen.

Das Ziel der Unternehmensbereichsbewertung, ist die Ableitung des Unternehmenswertes. Es wird den selben Analysentyp für Verkäufe von Unternehmensbereichen als für Mergers & Acquisitions durchgeführt; der Käufer und der Verkäufer können aber zu unterschiedlichen Ergebnissen kommen, weil sie verschiedene Vermutungen und Bedürfnisse haben. Es wird versucht, den Preis des Unternehmensbereiches festzulegen, wobei man im Kopf behalten muss, dass es keine reine quantitative "Methode" gibt, um den genauen Unternehmenswert zu bestimmen. Man kann höchstens Annäherungen geben; Es wäre sonst unproblematisch, ein Unternehmen oder Unternehmensbereich zu bewerten. Wie bereits im vorigen Abschnitt erwähnt, kann man mit der Due Diligence zu guten Erkenntnissen im Rahmen der Unternehmensbewertung kommen. Die Due Diligence erlaubt es, das Unternehmen sowohl aus finanzieller Sicht zu analysieren als auch andere Merkmale des Unternehmens hervorzuheben.

Die Due Diligence erlaubt es jedoch nicht, einen Kaufpreis festzusetzen. Ein Verkauf kommt nur zustande, wenn sich Käufer und Verkäufer über einen Transaktionspreis einig sind, und wenn der untere Grenzpreis des Verkäufers nicht den oberen Kaufpreis des Käufers überschreitet.

Jedoch ist es möglich einige Methoden zur Bewertung eines Unternehmenswertes benutzen, wie unter anderem der Substanzwert und der Ertragswert.

3.2.1. Substanzwert:

Der Substanzwert ist der "Im Rahmen von Unternehmensbewertungen ermittelter Wert, der sich ausschließlich an der vorhandenen Vermögenssubstanz orientiert. Hierbei können die historischen Anschaffungswerte angesetzt werden. Dieses sehr statische Verfahren genügt oft nicht den Anforderungen moderner Unternehmensbewertungen."[117] Es ist ein Verfahren, das die Anlagen des Unternehmens bewertet. Es bewertet nicht den realen Wert des Unternehmens und den Nutzen, den er von seinen materiellen und immateriellen Anlagen macht. Das Verfahren beinhaltet die betriebsnotwendige sowie die nicht betriebsnotwendige Vermögensgegenstände.

Im Falle des Verkaufs eines Unternehmens wäre der Fortführungswert interessant, und nicht der Liquidationswert, der wesentlich niedriger ist, und der bedeutet, dass das Unternehmen nicht mehr existieren soll.

Als Substanzwertposten kann man unter anderen Grundstücke, Gebäude-technische Anlagen und Maschinen, sonstige Gegenstände des Sachanlagevermögens, immaterielle Wirtschaftsgüter, Anteile an verbundenen Unternehmen, Wertpapiere des Anlagevermögens, Vorräte, andere Gegenstände des Umlaufvermögens einschließlich Rechnungsabgrenzungsposten, den Bilanzverlust, Sonderposten mit Rücklageanteil, Rückstellungen, Rück-

[117] Schneck O., 2000, S. 903

stellungen für Pensionen und ähnliche Verpflichtungen, Rückstellungen für latente Steuerschulden auf stille Reserven und Verbindlichkeiten zuordnen.[118] Demgegenüber steht der Liquidationswert nur für die Veräußerung der Substanz. Es werden hier Anschaffungswerte (Buchwerte) der einzelnen Vermögensgegenstände oder auch Wiederbeschaffungskosten berücksichtigt.

Dieser Substanzwertverfahren ist nicht ausreichend, um das Unternehmen zu bewerten, es sollten auch die künftigen Einnahmen und Ertragspotentiale des Unternehmens dargestellt werden.

3.2.2. Ertragswert:

Diese Unternehmensbewertungskennzahl ist die Summe der abgezinsten erwarteten zukünftigen Nettoausschüttungen des Unternehmens. (Es ist die Differenz zwischen Umsatzerlösen und Aufwendungen in der Gegenwart)

Man benutzt zur Ermittlung dieses Wertes die Discounted Cash-Flow Methode: Es ergibt den ökonomischen Zukunftswert des Unternehmens. Diese Bewertungsmethode setzt selbstverständlich voraus, dass das Unternehmen fortgeführt wird und dass das Unternehmen von seiner ursprünglichen Form nicht stark abweichen wird, damit die Zukunftzahlen möglichst realistisch bleiben.

Um den Markt und die Zukunftserwartungen schätzen zu können, sollte eine Marktanalyse durchgeführt werden, in der die Chancen und Risiken des Unternehmens in seinem Marktumfeld dargestellt werden. Um diese Analyse durchzuführen, können verschiedene Verfahren benutzt werden:

[118] Vgl. Born K., 1995, S. 159-173

(Regressionsanalyse, Analogieverfahren, Expertenbefragung, Szenario-Analyse, Entscheidungsbaumverfahren). Dann werden Umsatz, Kosten und Investitionsplanungen für einen langen Zeitraum von ca. 10 Jahre durchgeführt. Mit diesen Zahlen kann der Cash-Flow berechnet werden. Der Cash-Flow ist mit einer direkten (Einzahlungswirksame Erträge - Auszahlungswirksame Aufwendungen) oder der indirekten Methode zu berechnen. (Jahresüberschuss + nicht zahlungswirksame Aufwendungen - nicht zahlungswirksame Erträge)[119] Letztendlich kann der Endwert bestimmt werden, der auch Fortführungswert oder Restwert genannt wird.[120] Der Gesamtwert des Unternehmens wird durch die Abzinsung des zukünftigen Cash-Flows mit der Discounted Cash-Flow Methode berechnet. (DCFM)
Der Ertragswert ist zu einer Prognoseproblematik konfrontiert, denn es ist schwierig zu planen, welchen Gewinn das Unternehmen in der Zukunft erwirtschaften wird. Außerdem sind die Erwartungen vom Käufer erst nach einer längeren Zeit erfüllt, indem das kaufende Unternehmen, wenn er einen Unternehmensteil eines anderen Unternehmens aufkauft, erst nach einer längeren Zeit seine strategischen Ziele erreicht.[121]

3.2.3. Bewertung strategischer Geschäftseinheiten des eigenen Unternehmens:

Man kann ein Unternehmen und besonders Konzerne auf Basis des Komponentenmodells bewerten, indem man den Wert des Unternehmens auf Basis der DCFM-Methode ermittelt. Der Eigenkapitalwert des Konzerns wäre

---

[119] Vgl. Schneck O., 2000, S. 183
[120] Vgl. Born K., 1995, S. 90
[120] Vgl. Behringen S., 1999, S. 87

in diesem Modell die Summe der Werte der einzelnen Geschäftsbereiche plus der nicht-betriebsbedingten Wertpapiere minus den Barwert der Kosten der Konzernzentrale und des Fremdkapitals. Es sollen auch die Synergieeffekte betrachtet werden.[122] Jeder Geschäftsbereich des Unternehmens wird auf Basis des operativen Cash-Flows berechnet, wobei die Kosten der Konzernzentrale, die diesem Geschäftsbereich zugeordnet sind, dazu gerechnet sein sollten. Die Berechnung des Cash-Flows erfolgt, als ob der Geschäftsbereich selbständig wäre. Das Komplizierteste Problem bei dieser Ermittlung ist die Festsetzung der Verrechnungspreise und die richtige Zuordnung und Zurechnung der Kosten der Konzernzentrale. Es ist besonders schwierig diese Daten zu ermitteln, besonders in der Betrachtung, dass die steuerliche Bedingungen nicht einfach sind, wenn der Geschäftsbereich seine Produkte oder Dienstleistungen an einen anderen Geschäftsbereich des Konzerns verkauft. Bei der Ermittlung des Werts des Geschäftsbereiches sollten die steuerliche Bedingungen sowie die Kapitalkosten und Struktur mit berücksichtigt werden, besonders, wenn der Konzern sich von einem Teil seiner Geschäftsbereiche trennen will.[123] Diese Art von Bewertung kann auch als Controllinginstrument benutzt werden, sie wird für Akquisitionen, Desinvestitionen und Umstrukturierungen benutzt.[124]
Bei der Bewertung von Unternehmensbereichen kann es sinnvoll sein, den Unternehmensbereich mit Verhältniskennzahlen mit anderen ähnlichen Unternehmen, die entweder an der Börse notiert werden oder neulich verkauft worden sind, zu vergleichen, um eine Schätzung des Marktwertes des Unternehmens zu haben. [125]

---

[122] Vgl. Born K., 1995, S. 211
[123] Vgl. Copeland T., Koller T., Murrin J., deutsche Auflage 1998, S.336-346
[124] Vgl. Born K., 1995, S. 211
[125] Vgl. Copeland T., Koller T., Murrin J., deutsche Auflage 1998, S. 346 und Born K., 1995, S. 174

3.3. Folgen: Nach Abschluss des Verkaufs

3.3.1. Arbeitsrecht

In den USA ist das Arbeitsrecht weitaus nicht so kompliziert wie in Deutschland, wo die Arbeitnehmerrechte stark vom Gesetz geschützt werden. Ein so genanntes "Cherry-Picking" wie in den USA (Mitarbeiter aussuchen, die nach dem Betriebsübergang im Unternehmen bleiben dürfen) ist nicht möglich.

In Deutschland regelt der §613a BGB die Rechte der Arbeitnehmer beim Betriebsübergang. Ein Betrieb kann als eine organisatorische Untergliederung eines Unternehmens definiert sein.[126] Wenn ein Betrieb oder Betriebsteil durch ein Rechtsgeschäft an einen anderen Inhaber übergeht, bleiben alle Arbeitsverhältnisse mit allen Rechten und Pflichten unberührt. Falls Tarifsverträge oder Betriebsvereinbarungen vorhanden sind, müssen diese in ihrem zum Zeitpunkt des Übergangs aktuellen Zustand übernommen werden, und dürfen zum Nachteil der Arbeitsnehmer frühestens nach Ablauf eines Jahres nach der Transaktion geändert werden. Werden in Tarifverträgen oder Betriebsvereinbarungen besondere Regelungen getroffen, die für den Arbeitnehmer günstiger als §613a Abs.1 S.1 BGB sind, so sind diese Vereinbarungen zu folgen. Arbeitnehmer dürfen durch Unternehmenspolitische Entscheidungen nicht benachteiligt werden. Eine einzige Ausnahme besteht, wenn der Betrieb nicht fortgeführt wird. (Konkurs)[127]

Es soll nur genau definiert werden, welche Arbeitnehmern ins neue Unternehmen "versetzt" werden sollen, insbesondere, wenn sie z.B. in

[126] Siehe dazu die Begriffsdefinition in Schneck O., 2000, S. 119
[127] Vgl. Seiler K., 2000, S. 154 auf Basis von §613a BGB

Abteilungen arbeiten, die für das gesamte Unternehmen zur Verfügung stehen.

Gesetzlich ist die Betriebsübergabe zwar geregelt. Die Weiterbildung der Mitarbeiter ist aber rechtlich nicht abgesichert. (z.B. andere Betriebssysteme (Windows, Unix, Linux...) oder Programme (Baan, SAP...) andere Betriebsvorschriften...). Besonders, wenn das Unternehmensteil von einem anderen Unternehmen wiederaufgenommen wird, müssen sich die Mitarbeiter einer anderen Unternehmenskultur anpassen.

3.3.2. Steuerlicher Aspekt der Transaktion [128].

In Deutschland (Verkauf innerhalb Deutschland von Deutschen Verkäufern) sollte man bei steuerlichen Betrachtungen in jedem Fall zwischen den Asset Deal und den Share Deal differenzieren. Für den Käufer ist ein Asset Deal günstiger, für den Verkäufer ist der Share Deal günstiger. Der Asset Deal wird von dem Käufer bevorzugt, weil er durch Abschreibungen den gezahlten Kaufpreis zurückholen kann. Der Verkäufer wird den Preis des Verkaufes in seiner Bilanz als außerordentliche Einkünfte buchen.

Beim Verkauf eines Einzelunternehmens oder einer Personengesellschaft ist der Veräußerungsgewinn gewerbesteuerfrei.

Beim Verkauf einer Kapitalgesellschaft fällt für Verkäufer als Privatpersonen, soweit sie mehr als 1%[129] des Unternehmens besitzen, Einkommensteuer auf den Veräußerungsgewinn an. Kapitalgesellschaften als Verkäufer anderer

[128] Vgl. Seiler K., 2000, S. 155-159; Sauer O., Schwarz H., 1997, S. 288-290; Herzig N. (Hrsg.), 1997
[129] gemäß §17 EstG ab 01/01/01 geändert.

Kapitalgesellschaften müssen auf den Veräußerungsgewinn Gewerbe- und Körperschaftssteuer zahlen.
Auf Käuferebene, wenn es sich um einen Asset Deal handelt, hat dieser die Möglichkeit die Vermögensgegenstände sowie den Firmenwert (während 15 Jahre) abzuschreiben. Alles was unter 15 Jahre abgeschrieben werden kann, wird möglichst hoch bewertet, alles was über 15 Jahre Abschreibungsdauer hat wird möglichst niedrig bewertet. Wenn es sich um einen Share Deal handelt, (bei einer GmbH) kann der Käufer die Wirtschaftsgüter nicht abschreiben.[130] Seit dem 18. Oktober 1994 sind auch in Deutschland das Umwandlungsgesetz und das entsprechende Umwandlungssteuergesetz in Kraft getreten. Der Teil V dieses Gesetzes befasst sich insbesondere mit der Aufspaltung, Abspaltung und Vermögensübertragung. Bisher gab es keine Regelung in Deutschland für solche Transaktionen, die auch nicht sehr verbreitet waren, aber zunehmen. Deutschland (aber auch andere Länder in Europa) hat durch die komplizierte Fassung der Steuergesetze und der notwendigen Bedingungen, um steuerfrei Unternehmen zu veräußern, erhebliche Nachteile.

3.3.3. Vertragsabschluß

Bei einem Kauf oder Verkauf von Unternehmen oder Unternehmensbereichen wird ein Kaufvertrag von beiden Vertragsparteien unterschrieben. Der Vertrag soll klar angeben, wer mit wem handelt, insbesondere beim Verkauf eines Unternehmensbereiches an einen Konzern (wer genau

[130] Da sich die Gesetze ständig ändern und neue Gesetzestexte in Kraft treten, sollten für mehr Informationen in Fachbücher an Rate geholt werden.
[130] Vgl. Seiler K., 2000, S. 159-166

verkauft an wen). Die Bedingungen im Vertrag werden unterschiedlich sein, je nach dem ob es sich um ein Share Deal oder ein Asset Deal handelt. Bei einem Asset Deal sollen die vom Verkauf betroffenen Vermögensgegenstände sowie die Verbindlichkeiten, die der Käufer übernehmen muss, klar abgegrenzt werden und ein bilanzieller Stichtag zur Bewertung des Unternehmens sowie ein Übergangstag müssen festgelegt werden. Die Festlegung und die Zahlungsbedingungen des Kaufpreises sind von besonderer Bedeutung. Der Kaufpreis kann zum Beispiel auch nach den künftigen Erträgen festgelegt werden. In diesem Fall entsteht das Risiko für den Verkäufer, aber er wird noch Einfluss über den Geschäftsbereich, den er verkauft hat, haben. Es können so genannte Risikoabschläge vereinbart werden, die zum Beispiel auf Basis der Ergebnisse der Due Diligence erscheinen können. Wenn bestimmte Risikofaktoren den Erfolg des Unternehmens beeinflussen können, wird der Verkaufspreis nach unten revidiert. Haftung- und Gewährleistung, wie zum Beispiel bei Sachmängel müssen genau definiert werden. Verträge mit Kunden und Lieferanten müssen überprüft werden. Es soll auch überprüft werden, ob die Vertragspartneränderung schon dem Stakeholder veröffentlicht worden ist und sie ihrer Zustimmung gegeben haben.[131] In Deutschland bedarf gemäß §311 BGB ein Vertrag über die Übertragung von Vermögen eine notariellen Beurkundung, sowie eventuell eine Eintragung oder Löschung im Handelsregister. Es soll auch dazu geklärt werden, wer die Transaktionskosten trägt. Es soll auch überprüft werden, ob es Institutionen gibt, wie zum Beispiel Gesellschafterversammlungen, Aufsichtsräte oder Kartellbehörden, die der Transaktion zustimmen müssen. Ebenso sind auch festzulegen welche steuerlichen Pflichten noch vorhanden sind und wer sie ausführt

(Steuerprüfungen oder andere Verkehrssteuern wie Umsatzsteuern oder Grunderwerbssteuern). Oft vereinbaren beide Unternehmen ein Wettbewerbsverbot, wenn sie sich nach der Transaktion auf einem konkurrierenden Geschäftsumfeld befinden. Die Vertragsgestaltung ist eine komplizierte und aufwendige Prozedur, die mit Sorgfalt bei Verkauf eines Unternehmensbereiches vorbereitet werden sollte.

Es ist eine schwierige Entscheidung, sich von einem Unternehmensbereich zu trennen. Das Management empfindet es als einen Fehlschlag und muss zugeben, dass es in seiner Integrations- und Erfolgsaufgabe gescheitert ist. Diese Entscheidung liegt nicht nur in den Händen der Geschäftsleitung sondern auch in denen der Aktionäre und der Führungskräfte des getrennten Unternehmensbereiches. Eine zu frühe Veröffentlichung der Veräußerung des Unternehmens kann den Beziehungen mit den Stakeholdern schaden. Es ist deswegen wichtig, eine Desinvestition genauso sorgfältig wie eine Fusion oder eine Akquisition vorzubereiten. Der Verkauf oder die Verselbständigung von Unternehmensteilen kann zu Entlassungen führen[132], was dem Image des Mutterunternehmens schadet.
Bei einer Aktiengesellschaft wirkt sich der Verkauf oder die Trennung von Unternehmensbereichen, wenigstens kurzzeitig, meistens positiv auf den Aktienkurs des Mutterunternehmens aus. Dieser positive Effekt ist einer der zahlreichen Konsequenzen und Gründe, die ein Unternehmen dazu bewegen können, sich von einem Unternehmensbereich oder von einer Beteiligung zu trennen. Die strategischen Gründe, die zu einer Desinvestition führen, zeigen auf, ob das Unternehmen eine Spaltung oder einen Verkauf vollziehen sollte.
Beim Verkauf von Unternehmensbereichen und Unternehmensbeteiligungen wird oft mit Hilfe von Spezialisten im Bereich Mergers and Acquisitions gearbeitet. Diese Spezialisten wissen, wie man einen Unternehmensverkauf vollzieht. Nichtsdestotrotz können sie nicht alle Hindernisse ausräumen, die beim Unternehmensbereichsverkauf auftreten können. Diese Art von Transaktion enthält Risiken, die diese Operation zum Scheitern führen könnten, genauso wie es bei Fusionen oder Erwerben der Fall ist.

[132] Vgl. FT, 26/09/01, "Rockwell spin-offs to axe 3300 extra jobs"

ABKÜRZUNGSVERZEICHNIS

AktG: Aktiengesetz
BGB: Bürgerliches Gesetzbuch
bn: billion (1'000'000'000)
DCFM: Discounted Cash-Flow Method
EstG: Einkommenssteuergesetz
F.A.Z.: Frankfurter Allgemeine Zeitung
FT: Financial Times
FuE: Forschung und Entwicklung
IPO: Initial Public Offering
KMU: kleine und mittelständige Unternehmen
KonTraG: Gesetz zur Kontrolle und Transparenz im Unternehmensbereich
LBO: Leveraged Buy-Out
M&A: Mergers and Acquisitions
m: Million (1'000'000)
MBO: Management Buy-Out
N.B.: Nota Bene
o.V.: ohne Verfasser
UmwG: Umwandlungsgesetz
UmwStG: Umwandlungssteuergesetz

ANLAGEN

Anlage A:

Mergerstat Free Reports: M&A Activity

U.S. and U.S. Cross-Border transactions 2001

Anlage B:

U.S. and U.S. Cross-Border transactions 2001 (Graphik)

Anlage C:

Mergerstat Free Reports:

U.S. and U.S. Cross-Border transactions top 10 deals 2001

Anlage D:

Mergerstat Free Reports:

Industry Rankings 2001

Anlage A

Mergerstat Free Reports: M&A activity

U.S. and U.S. Cross-Border Transactions

Year to Date 1/1/2002		
Year	Deals	Value ($bil) (1)
2001	8232	$702,80
2000	9566	$1.325,70
1999	9278	$1.425,90
1998	7809	$1.192,90
1997	7800	$657,10
1996	5848	$495,00
1995	3510	$356,00
1994	2997	$226,70
1993	2663	$176,40
1992	2574	$96,70
1991	1877	$71,20
1990	2074	$108,20
1989	2366	$221,10
1988	2258	$246,90
1987	2032	$163,70
1986	3336	$173,10
1985	3001	$179,80
1984	2543	$122,20
1983	2543	$73,10
1982	2533	$53,80
1981	2395	$82,60
1980	1889	$44,30
1979	2128	$43,50
1978	2106	$34,20
1977	2224	$21,90
1976	2276	$20,00
1975	2297	$11,80
1974	2861	$12,50
1973	4040	$16,70
1972	4801	$16,70
1971	4608	$12,60
1970	5152	$16,40
1969	6107	$23,70
1968	4462	$43,60
1967	2975	N/A
1966	2377	N/A
1965	2125	N/A
1964	1950	N/A
1963	1361	N/A

(1) value is base equity price offered

Quelle: www.mergerstat.com am 01.01.2002

Anlage B

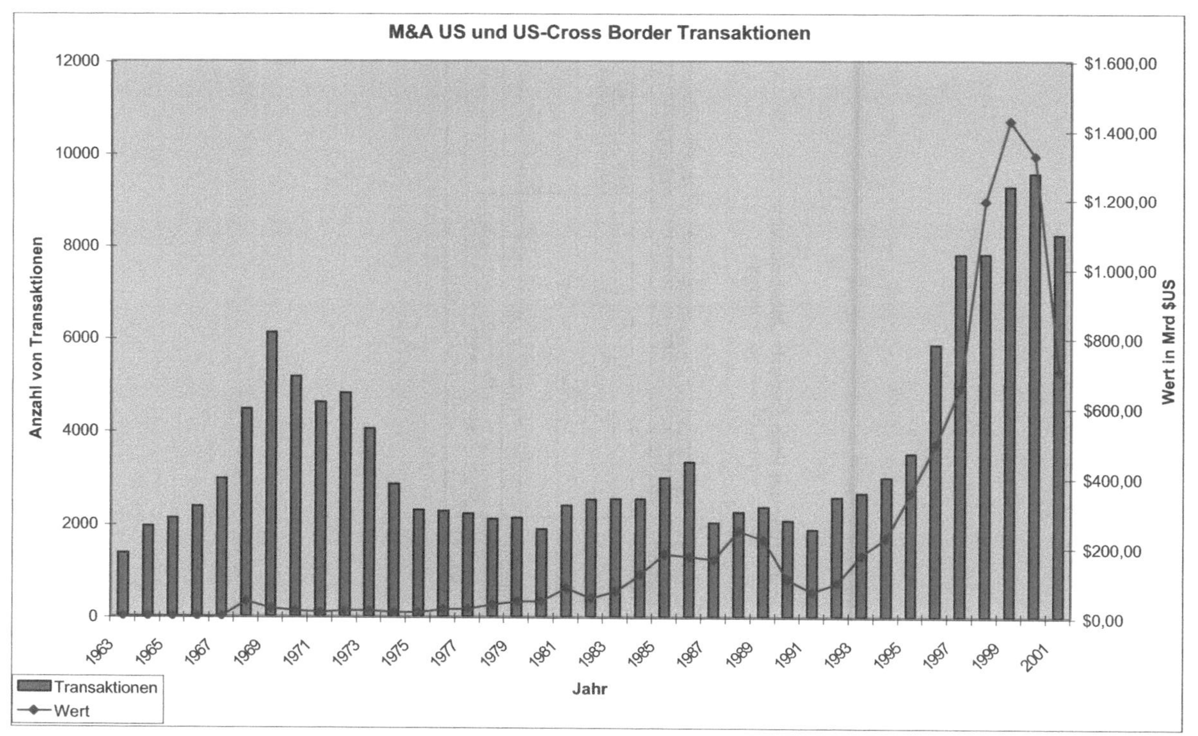

Quelle: www.mergerstat.com 01.01.2002 (Anlage A)

Mergerstat Free Reports: M&A activity

U.S. and U.S. Cross-Border Transactions

Top 10 deals Year to Date 1/1/2002				
Rank	Announce Date	Close Date	Seller	Unit Sold
1	9/07/2001		AT&T Corp	AT&T Broadband & Internet
2	6/08/2001		General Motors Corp	Hughes Electronics Corp
3	4/09/2001		Compaq Computer Corp	
4	3/04/2001	29/08/2001	American General Corp	
5	17/12/2001		Immunex Corp	
6	18/11/2001		Conoco Inc	
7	16/04/2001	4/09/2001	Wachovia Corp	
8	27/03/2001	22/06/2001	ALZA Corp	
9	17/05/2001	7/09/2001	Grupo Financiero Banamex Accival SA De CV	
10	13/03/2001	1/06/2001	CIT Group Inc (The)	

Quelle: www.mergerstat.com am 01.01.2002

Anlage D

Mergerstat Free Reports: M&A activity

Industry Rankings Year to Date 01/01/2002

Rank	Classification	Deals	Value ($mm) (1)
1	Broadcasting	135	$113.226,73
2	Banking & Finance	318	$90.974,80
3	Insurance	201	$62.507,44
4	Oil & Gas	124	$60.938,93
5	Drugs, Medical Supplies & Equipment	239	$59.416,16
6	Computer Software, Supplies & Services	1.768	$38.311,50
7	Office Equipment & Computer Hardware	86	$34.334,66
8	Electric, Gas, Water & Sanitary Services	166	$31.572,17
9	Brokerage, Investment & Mgmt Consulting	522	$29.484,86
10	Miscellaneous Services	849	$28.387,06
11	Communications	343	$24.884,75
12	Food Processing	133	$22.268,59
13	Electrical Equipment	229	$19.159,90
14	Electronics	159	$17.087,90
15	Energy Services	55	$12.397,98
16	Transportation	104	$12.349,82
17	Printing & Publishing	214	$10.197,98
18	Mining & Minerals	22	$8.795,78
19	Leisure & Entertainment	277	$8.280,01
20	Paper	42	$7.757,22
21	Wholesale & Distribution	329	$7.613,83
22	Toilertries & Cosmetics	20	$7.384,06
23	MIscellaneous Manufacturing	42	$6.099,22
24	Instruments & Photographic Equipment	144	$6.067,59
25	Stone, Clay & Glas	64	$5.680,60
26	Retail	368	$5.454,64
27	Beverages	53	$5.045,44
28	Industrial & Farm Equipment & Machinery	155	$4.147,00
29	Chemicals, Paints & Coatings	116	$3.873,31
30	Construction Contractors & Eng. Services	204	$3.830,77
31	Real Estate	97	$3.808,23
32	Health Services	203	$3.648,12
33	Fabricated Metal Products	85	$2.687,72
34	Apparel	33	$2.201,35
35	Primary Metal Processing	74	$1.807,58
36	Aerospace, Aircraft & Defense	35	$1.501,68
37	Plastics & Rubber	57	$1.426,73
38	Household Goods	46	$1.288,79
39	Agricultural Production	21	$1.025,99
40	Textiles	22	$810,58
41	Toys & Recreational Products	49	$740,99
42	Packaging & Containers	19	$536,26
43	Furniture	21	$405,67
44	Construction Mining & Oil Equip. & Mach.	29	$385,49
45	Autos & Trucks	17	$272,28
46	Valves, Pumps & Hydraulics	18	$199,39
47	Automotive Products & Accessories	48	$171,75
48	Timber & Forest Products	13	$62,69
49	Building Products	5	$45,00

(1) value is base equity price offered
$mm = Million USD

Quelle: www.mergerstat.com am 01.01.2002

LITERATURVERZEICHNIS

Bücher:

Bär Thomas u.a.: "Mergers and Acquisitions", Meilensteine im Management; Siegwart Hans, Mahari Julian I., Caytas Ivo G., Rumpf Bernd-Michael; Stuttgart/Basel/Frankfurt am Main, Schäffer Verlag für Wirtschaft und Steuern/Helbing &Lichtenhahn, 1990

Bellinger Bernhard, Vahl Günter: "Unternehmensbewertung in Theorie und Praxis", 2. Vollständig überarbeitete Auflage, Wiesbaden, Gabler, 1992

Behringer Stefan: "Unternehmensbewertung der Mittel- und Kleinbetriebe" Band 69, Berlin, Erich Schmid Verlag GmbH&Co, 1999

Blatz Michael u.a. : "Restrukturierung, Sanierung und Insolvenz", Andrea K. Buth und Michael Hermann, München, Beck, 1998

Born Karl: "Unternehmensanalyse und Unternehmensbewertung", Handelsblatt, Wirtschaft und Finanzzeitung, Stuttgart, Schäffer-Poeschel Verlag, 1995
+ Diskette

Bridges William: "Surviving Corporate transistion: Rational Management in a world of Mergers, Layoffs, Start-ups, Takeovers, Divestitures, Deregulation and new techno", Bartam Dell Pub Group, 1st edition, 1998

Brück Marco (Verfasser) Authoren. u. v. a.: "Beteiligungen an Unternehmen Desinvestition und Lösung von Engagements Ein Entscheidungsmodell", Bank und finanzwirtschaftliche Forschungen, Stuttgart, Wien, Verlag Paul Haupt Bern, 1998

Copeland Tom, Koller Tim, Murrin Jack: "Valuation Measuring and Managing the value of companies", Mc Kinsey&Company Inc., John Wiley&Sons. Inc., 1991

Copeland Tom, Koller Tim, Murrin Jack: "Unternehmenswert Methoden und Strategien für eine wertorientierte Unternehmensführung", Thorsten Schmidt u. Friedrich Mader, Zweite, aktualisierte und erweiterte Auflage, Frankfurt am Main/New-York, Campus, 1998

De Meuse Kenneth, Lee Marks Mitchell: "Resizing the Organizsation: Managing Layoffs, Divestitures, and Closings", J-B SIOP Professional Practice Series, 2002

Dohm Ludger: "Die Desinvestition als strategische Handlungsalternative Eine Studie des Desinvestitionsverhaltens U.S.-amerikanischer Großunternehmen", Europäische Hochschulschriften Band 5 Vol. 953, Frankfurt am Main, Peter Lang, 1989

EvansJohn: "Mergers & acquisitions: Strategie, Steuern, Recht", Trieber Volker, Verlag Recht und Wirtschaft, Heidelberg, 2004

Foster Reed Stanley, Reed Jaloux Alexandra: "The art of M&A: a Merger Acquisition Buyout Guide", 3rd edition, The Mc Graw Hill Company, 2004

Gaughan Patrick A.: "Mergers, Acquisitions and Corporate Restructurings", 2 nd Edition, John Wiley&Sons. Inc., 1999

Gösche Axel: "Mergers und Acquisitions im Mittelstand", Wiesbaden, Gabler Praxis, 1991

Graml Regine: "Unternehmungswertsteigerung durch Desinvestition, Eine Analyse unter besonderer Berücksichtigung des MBO", Europäische Hochschulschriften Reihe 5 Band 1928, Frankfurt am Main, Peter Lang, 1996

Herzig Norbert u.a.: "Steuerorientierte Umstrukturierung von Unternehmen", Der Betrieb, Herzig Norbert (Hrsg.), Stuttgart, Schäffer-Poeschel Verlag Stuttgart, 1997

Mac Kenzie Ian: "English for business studies- a course for business Studies and economics students", Cambridge University Press, Cambridge (UK), 2001

Mensching Helmut: "Desinvestition von Unternehmungsteilen: Grundlagen d. Gestaltung d. Entscheidungsprozesses", Europäischen Hochschulschriften, Band 714, Frankfurt am Main, Verlag Peter Lang GmbH, 1986

Moosmayer Oliver: "Aufklärungspflichten beim Unternehmenskauf", Hamburg, Verlag W. Manke Söhne, 2000

Niemann Claus: "Informations asymmetrien beim Unternehmensverkauf Gesellschaftsrechtliche und auktionstheoretische Analyse unter besonderer Berücksichtigung des Management Buy Out ", Deutscher UniversitätsVerlag, Wiesbaden,Gabler Edition Wissenschaft, 1995

Perridon Louis, Steiner Manfred: "Finanzwirtschaft der Unternehmung", Vahlens Handbücher der Wirtschafts-und Sozialwissenschaften, Perridon Louis, 10. Auflage, München, Verlag Vahlen, 1999

Picot Gerard: "Unternehmenskauf und Restrukturierung", Beck Juristischer Verlag, München, 2004

Sattler Andreas, Hecker Paul F.: "Verkauf von Unternehmen und Beteiligungen", Expertverlag Praxiswissen Wirtschaft, 2004

Sauer Otto, Schwarz Hansjürgen: "Steuerliche Folgen der Betriebsveräußerung und Betriebsaufgabe Veräußerung, unentgeltliche Übertragung, Verlegung, Stillegung, Änderung der Rechtsform", Grundlagen und Praxis des Steuerrechts, 4. Überarbeitete Auflage, Bielefeld, Erich Schmid Verlag GmbH, 1997

Schneck Ottmar: "Lexikon der Betriebswirtschaft Über 3000 grundlegenden und aktuelle Begriffe für Studium und Beruf", Beck-Wirtschaftsberater im dtv, 4. Auflage 2000, München, DTV, 2000

Seiler Karl: "Unternehmensverkauf Das Unternehmen richtig darstellen Den passenden Käufer finden Steuersparend veräußern", Beitrag von Stallworth M. Larson übersetzt von Ralf Vogel und Ines Bergfort, Landsberg/Lech, Verlag moderne Industrie, 2000

Söffing Günther: "Die Betriebsaufspaltung Formen Voraussetzungen Rechtsfolgen", Herne/Berlin, Verlag neue Wirtschaftsbriefe, 1999

Triebel Volker: "Mergers&Acquisitions", Recht und Wirtschaft Betriebsberater (BB) Handbuch, 2004

Theisen Manuel René: "Der Konzern Betriebswirtschaftliche und Rechtliche Grundlagen der Konzernunternehmung", Stuttgart, C.E: Poeschel Verlag Stuttgart, 1991

Voigt Jörn F.: "Unternehmensbewertung und Potentialanalyse Chancen un Risiken von Unternehmen treffsicher bewerten", Wiesbaden, Gabler, 1990

o.V.: "Wichtige Steuergesetze mit Durchführungsverordnungen", NBW-Redaktion, 49., geänderte Auflage, Herne/Berlin, Verlag neue Wirtschafts-Briefe, 2001

Zeitungen:

BARBER Tony
"Shareholder democracy gets a bigger say"
Financial Times (Europe) / The Financial Times Limited
15/05/02 - Zusatzblatt "German Industries" S. I

BENOIT Bertrand
"SAP buy-back could lift battered share price"
Financial Times (Europe) / The Financial Times Limited
01/10/01 S 22

BENOIT Bertrand
"Siemens in Profit after Infineon Sale"
Financial Times (Europe) / The Financial Times Limited
15/11/01 S 23

BOWE, Christopher
"Rockwell spin-offs to axe 3,300 extra jobs"
Financial Times (Europe) / The Financial Times Limited
26/09/01 S 20

BRAUNBERGER Gerald, RITTER Johannes, LINDNER Roland, ROTH Michael
"Aventis Crop Science wird wohl an Bayer verkauft"
Frankfurter Allgemeine Zeitung
10/07/01

CAMPBELL, Katharine
"Buy-Out volume falls in quarter"
Financial Times (Europe) / The Financial Times Limited
01/10/01 S 20

CAMPBELL, Katharine
"Access to senior debt to 'restrict buy-out activity'"
Financial Times (Europe) / The Financial Times Limited
12/11/01 S 18

CROFT Jane
"Buy-Out deals suffer amid economic slowing"
Financial Times (Europe) / The Financial Times Limited
17/12/01 S 18

EDGECLIFFE-JOHNSON Andrew and ADAM Jones
"Seagram's $8bn sell-off approved"
Financial Times (Europe) / The Financial Times Limited
20/12/01 S 19

FIRN David
"Henkel set to announce €2.5bn sell-off"
Financial Times (Europe) / The Financial Times Limited
12/11/01 S 20

GUERRERA Francesco
"Bayer to face antitrust probe over purchase of Aventis Unit"
Financial Times (Europe) / The Financial Times Limited
03/12/01 S 1

JONES, Matthew
"Eon's Silicon plant sold for $1"
Financial Times (Europe) / The Financial Times Limited
02/10/01 S 20

KAPNER Fred and BURT Tim
"Fiat to put car parts sell-off on the back burner"
Financial Times (Europe) / The Financial Times Limited
05/11/01 S 17

LUCIER Chuck and BELLARE David
"Three steps to a successful spin"
Financial Times (Europe) / The Financial Times Limited
20/02/02

MARSH Peter, GIMBEL Florian, SAIGOL Lina
"Cool head takes charge to guide Invensys forward"
Financial Times (Europe) / The Financial Times Limited
01/10/01 S 20

NAKAMOTO Michiyo
"Tanabe may spin off R&D"
Financial Times (Europe) / The Financial Times Limited
04/02/02 S. 15

NELS Albrecht (Dr.)
"Mitarbeiterrechte bei Übernahme nicht gerechtfertigt"
Frankfurter Allgemeine Zeitung
24/04/02 S. 95

SAIGOL Lina and MARCH Peter
"Invensys plans up to 750m GBP asset disposals"
Financial Times (Europe) / The Financial Times Limited
01/10/01 S 20

SILVERMAN Gary
"Citigroup spin-off to fund purchases"
Financial Times (Europe) / The Financial Times Limited
20/12/01 S 19

SULLIVAN Ruth and PRETZLIK Charles
"Invensys asks banks to sell £1bn of assets"
Financial Times (Europe) / The Financial Times Limited
03/12/01 S 16

WASSENER, Bettina and RATNER Juliana
"Bayer to Pay €7bn for Aventis"
Financial Times (Europe) / The Financial Times Limited
02/10/01 S 20

"EU-Wettbewerbsrecht – Ein Ratgeber für den Mittelstand – Neue Publikation des Deutschen Industrie- und Handelskammertags (DIHK)"
Frankfurter Allgemeine Zeitung
13/05/2002

Zeitschriften:

Eric Wattez, Interview von Elie Cohen
"le top 10 pèse plus que le PIB de la France"
Capital (Frankreich)
Oktober 01 S. 82-84

Schäfer Ulrich
"Angst vor dem Feind"
Der Spiegel
N° 24 11/06/01 S. 110-112

Dr. Fester Gunter
"Corporate FuE-Spin-offs in der Chemie-, Pharma- und Biotech-Industrie"
Mergers & Acquisitions (Handelsblatt)
Mai 2004 S.219-222

Herden Raimund W., Meier-Sieden Nadia
"M&A-Markt- Warten auf den Aufschwung in 2004"
Mergers & Acquisitions (Handelsblatt)
Mai 2004 S.222-227

O.V.
Thema der Woche : Akquisitionen
Markt &Technik
N°11 / 08/03/2002 S. 16 bis 29

Websites [online]:

Bucholz Christian, (21/03/01, Recherche am 01/10/04) "Ein neues Bayer schaffen"
URL: http://manager-magazin.de/unternehmen

Fischl KrugerJennifer, (14/11/01) "Are Tracking Stocks a Route to Big Profits?" (von Bloomberg.com)
URL: http://www.spinoffadvisors.com/articles

Friedman Josh, (04/03/99, Recherche am 18/11/01), "Laggard Companies Trying Spinoffs to unleash Stock Value" (von Los Angeles Times.com)
URL: http://www.spinoffadvisors.com/articles

Kane Margaret, (09/07/01; Recherche am 20/07/01) "WallStreet upbeat on AT&T Wireless"
News.com
URL: http://www.news.com

Kawamoto Dawn, Wong Wylie, (16/03/00; Recherche am 20/07/01), "3Com to restructure after successful palm Spin-off"
News.com
URL: http://www.news.com

Moore Stephen D., (16/11/00; Recherche am 26/09/01) "Aventis plans to split off Crop unit in deal that could fetch $6,86 Billion"
WallStreet Journal
URL: http://finance.Yahoo.com

Rueppel Philip, (23/03/99; Recherche am 20/07/01), "Of splits and split ups"
News.com
URL: http://www.news.com

Scherreik Susan, (06/03/00), "Tread carefully when you buy Tracking Stocks" (von Business Week)
URL: http://www.spinoffadvisors.com/articles

O.V., (07/06/96; Recherche am 20/07/01)), "Split off von General Motors"
URL: http://www.eds.de/news/277.html

O.V., (20/07/01), "What are Spin-Offs?"
URL: http://www.spinoffadvisors.com/articles

O.V., (25/10/01), "Unternehmensverkauf"
URL: http://www.interfinanz.de

O.V., (31/10/01) "So wird der Firmenwert für ein Unternehmen oder eine Beteiligung ermittelt"
URL: http://www.steuernetz.de/fachinfos/kommentierungen/bubi/PK007/index.html

O.V., (02/11/01), "Umwandlungsgesetz"
URL: http://www.redmark.de/redmark/f/FUmwG1.html

O.V., (10/11/01), "Corporate Restructuring 101 Profiting from Corporate Divestiture"
URL: http://www.spinoffadvisors.com/articles

O.V., (18/11/01), "Spin-Off's 101"
URL: http://www.spinoffadvisors.com/articles

O.V., (02/01/02), "Industry Rankings"; "US and US Cross-border transactions"; "Top 10 deals"
Mergerstat Free Reports
URL: http://www.mergerstat.com

Definitionen und Gesetzestexte:
URL: http://www.Investopedia.com
URL: http://www.steuernetz.de
URL: http://www.redmark.de

IEWS-Schriftenreihe, fortgesetzt ab Band 25 als „Schriftenreihe des ESB Research Institute"

1. *Tanja Henne*
   Derivative Finanzinstrumente und ihre Bilanzierung nach HGB, US-GAAP und IAS
   ISBN 3-8265-7830-9, Shaker-Verlag, Aachen

2. *Senol Agac*
   TV-Banking - Implications of a new delivery channel for financial services companies in Germany
   ISBN 3-8265-7831-7, Shaker-Verlag, Aachen

3. *Julia Pracht*
   Strategic Financing of Small- and Medium-Sized Enterprises in the German IT Sector
   ISBN 3-8265-7832-5, Shaker-Verlag, Aachen

5. *Andreas Resch*
   Valuation of Internet Companies - Difficult or Impossible?
   ISBN 3-8265-7834-1, Shaker-Verlag, Aachen

6. *Lars Herold*
   Public vs. Private Companies in Germany
   Quantifying, Understanding, and Closing the Performance Gap
   ISBN 3-8265-7835-X, Shaker-Verlag, Aachen

7. *Alexander Zimmer*
   Unternehmenskultur und Cultural Due Diligence bei Mergers & Acquisitions
   ISBN 3-8265-9118-6, Shaker-Verlag, Aachen

8. *Claudia Schulze, Verena Pfeiffer, Torsten Witzke*
   Aktives Kreditrisikomanagement: Portfoliomodelle & innovative Produkte
   ISBN 3-8265-9117-8, Shaker-Verlag, Aachen

9. *Pilar Zumft Cortines*
   Welthandel und Umweltschutz:
   Das Spannungsfeld von Welthandelsorganisation und Nichtregierungsorganisationen
   ISBN 3-8265-9163-1, Shaker-Verlag, Aachen

10. *Jonathan Labin*
    Erfolgsfaktoren elektronischer B2B-Marktplätze im Finanzdienstleistungssektor
    ISBN 3-8265-9164-X, Shaker-Verlag, Aachen

11. *Carolin Oelschlegel*
    Beweggründe für und Umsetzung von Going Private Transaktionen
    ISBN 3-8265-9165-8, Shaker-Verlag, Aachen

12. *Karen Temple*
    Discrimination against Women on the Labour Market in Germany Today
    ISBN 3-8265-9166-6, Shaker-Verlag, Aachen

13. *Michael Lambauer*
    Effective Business Leadership: Past, Present and Future
    ISBN 3-8265-9167-4, Shaker-Verlag, Aachen

14. *Anne Klausmann*
    Le marketing one-to-one come outil de fidélisation dans le secteur bancaire
    ISBN 3-8265-9168-2, Shaker-Verlag, Aachen

15. *Lars Herold*
    Building a Market Economy in North Korea and Vietnam
    Key Lessons from the Chinese, Russian, and German Experiences
    ISBN 3-8322-0643-4; Shaker-Verlag, Aachen

16. *Valeria Lange*
    Verliert die Luxusgüterbranche an Exklusivität?
    ISBN 3-8322-0763-5, Shaker-Verlag, Aachen

17. *Anne-Katrin Müller*
    Wahrgenommene Dienstleistungsqualität: Konzeption eines dynamischen Phasen-Modells
    ISBN 3-8322-0911-5; Shaker-Verlag, Aachen

18. *Thomas Kern*
    Success Factors of American Business Schools in the Beginning of the 21st Century
    ISBN 3-8322-0781-3, Shaker-Verlag, Aachen

19. *Constantin M. Gall*
    Unternehmensbewertung für Bilanzierungszwecke – Die Bilanzierung und Bewertung des Goodwill nach US-GAAP SFAS 141 und 142 im Rahmen von Business Combinations
    ISBN 3-8322-1955-2, Shaker-Verlag, Aachen

20. *Stephanie Kielmann*
    Problematische Zielgruppen und ihre Beachtung durch Markenartikler (Gay- und Ethno-Marketing)
    3-8322-2027-5, Shaker-Verlag, Aachen

21. *Sonia Pereiro Méndez*
"Equity carve out" als Desinvestitionsinstrument zur Steigerung des Unternehmenswertes
ISBN 3-8322-2046-1, Shaker-Verlag, Aachen

22. *Sabine Weissinger*
Realoptionen als Bewertungsansatz für Wachstumsunternehmen
ISBN 3-8322-2121-2, Shaker-Verlag, Aachen

23. *Jörg Adams*
Applicability of Real Option Valuation for High-Risk Investments
ISBN 3-8322-2336-3, Shaker-Verlag, Aachen

24. Sebastian Schienle
Die Anwendung der Theorie des Rent-Seeking auf einzelwirtschaftliche Unternehmensformen
ISBN 3-8322-2629-X, Shaker-Verlag, Aachen

European School of Business

Undergraduate-Studies: Wir messen uns nur mit den Besten

- Vier Jahre Studium, davon die Hälfte im Ausland
- Abgestimmte Lehr- und Prüfungsinhalte mit Partnerhochschulen
- Praxisnähe des Studiums
- Zwei Praxissemester, davon mindestens eines im Ausland
- Aktive Studentenschaft

Postgraduate Studies: Vertiefungen in Theorie und Praxis

Der MBA für internationale Kompetenz

- Präsenzstudium 3 Semester, Teilzeitstudium max. 3 Jahre
- Traditionsreichster MBA-Studiengang in Deutschland
- FIBAA Akkreditierung
- Modularer Aufbau des Studienganges
- Kleine, internationale und interdisziplinäre Gruppen

MSc: Academic quality at its best

- Drei Semester Studium; Abschluss in Reutlingen oder an einer der Partnerhochschulen
- Gemeinsames Master-Programm mit der Lancaster University
- Wissenschaftliche und praktische Konzepte

Corporate Relations: Wir denken weiter

- Corporate MBA
- Unternehmensberatung
- Sponsoren
- Career Center

***ibidem*-Verlag**
Melchiorstr. 15
D-70439 Stuttgart

info@ibidem-verlag.de

www.ibidem-verlag.de
www.edition-noema.de
www.autorenbetreuung.de

Zeitfracht Medien GmbH
Ferdinand-Jühlke-Straße 7
99095 Erfurt, Deutschland
produktsicherheit@kolibri360.de